André Busche

Arbeitsbuch Waffensachkunde

270 Fragen und Antworten zur effektiven Vorbereitung und Selbstkontrolle mit Auszügen aus Gesetzestexten

Bibliographische Information der Deutschen Nationalbibliothek

Die Deutsche Nationalbibliothek verzeichnet diese Publikation in der Deutschen Nationalbibliographie; detaillierte bibliographische Daten sind im Internet über http://dnb.d-nb.de abrufbar.

Verlag: Juristischer Fachverlag Busche, Gneisenaustraße 1, 24105 Kiel
Tel. 0431 5301000 e-Mail: verlag@abmc.de

Alle Hinweise und Angaben in diesem Buch wurden von den Autoren sorgfältig recherchiert. Trotzdem kann keine Gewähr für die Richtigkeit der Angaben gegeben werden.

Die Informationen zu Recht und verwandten Themen dienen der allgemeinen Information und nicht der Beratung im Falle eines individuellen rechtlichen Anliegens. Verwenden Sie daher die hier bereitgestellten Informationen niemals als alleinige Quelle für rechtsbezogene Entscheidungen und ziehen Sie weitere Informationsquellen hinzu.

11. Auflage ISBN-13: 978-3-940723-81-9

Inhaltsverzeichnis

1. Vorbemerkung des Autors

Die Waffensachkundeprüfung erfordert eine umfassende Kenntnis des Waffenrechts, aber auch der Waffentechnik. Auf die schriftliche Prüfung kann sich jeder Kandidat mit dem kostenlos im Internet verfügbaren Fragenkatalog zur Waffensachkunde vorbereiten, der auf der Internet-Plattform des Bundesverwaltungsamtes zum Download bereitgestellt wird. In diesem Dokument sind die richtigen Antworten vorgegeben, so dass Menschen, die geeignete Methoden des Auswendiglernens beherrschen, auf diese Weise das am Prüfungstag abrufbare Wissen erwerben können.

Spätestens bei der mündlichen Prüfung oder im Alltag werden diese Kandidaten allerdings scheitern, da ein Lernen ohne Verstehen wertlos ist. Das vorliegende Übungsbuch ergänzt darum meine Lehrbücher zur Waffensachkunde um 270 Fragen und Antworten, die im Rahmen der Vorbereitung auf die Waffensachkundeprüfung dem Kandidaten zur Orientierung dienen sollen. Ergänzt wird der Apparat der Fragen und Antworten um die wichtigsten Gesetzestexte.

Um richtig beantwortete Fragen zu kennzeichnen, ist jede Frage mit einem Kontrollkästchen versehen, in dem Sie die jeweilige Frage „abhaken" können. Zudem können Sie zur besseren Übersicht auf der folgenden Seite die bereits korrekt beantworteten Fragen in einer vollständigen Auflistung ebenfalls mit Kreuzchen kennzeichnen und damit jederzeit auf einen Blick sehen, wo Sie hinsichtlich Ihres Lernerfolges stehen.

Die in diesem Arbeitsbuch gestellten Fragen werden so oder in ähnlicher Form in Vorbereitungskursen verwendet und stofflich behandelt. Sie ersetzen keinesfalls Ihre eigenen Notizen, mit denen Sie die im Unterricht behandelten Inhalte für sich selbst festhalten und so auch die Möglichkeiten haben, bestimmte von dem jeweiligen Dozenten als „besonders wichtig" bezeichnete Themen für Ihr Selbststudium vorzumerken.

Ich wünsche Ihnen für Lehrgang und Prüfung viel Erfolg!

2. Ihre Erfolgsübersicht

001	002	003	004	005	006	007	008	009	010
011	012	013	014	015	016	017	018	019	020
021	022	023	024	025	026	027	028	029	030
031	032	033	034	035	036	037	038	039	040
041	042	043	044	045	046	047	048	049	050
051	052	053	054	055	056	057	058	059	060
061	062	063	064	065	066	067	068	069	070
071	072	073	074	075	076	077	078	079	080
081	082	083	084	085	086	087	088	089	090
091	092	093	094	095	096	097	098	099	100
101	102	103	104	105	106	107	108	109	110
111	112	113	114	115	116	117	118	119	120
121	122	123	124	125	126	127	128	129	130
131	132	133	134	135	136	137	138	139	140
141	142	143	144	145	146	147	148	149	150
151	152	153	154	155	156	157	158	159	160
161	162	163	164	165	166	167	168	169	170
171	172	173	174	175	176	177	178	179	180
181	182	183	184	185	186	187	188	189	190
191	192	193	194	195	196	197	198	199	200
201	202	203	204	205	206	207	208	209	210
211	212	213	214	215	216	217	218	219	220
221	222	223	224	225	226	227	228	229	230
231	232	233	234	235	236	237	238	239	240
241	242	243	244	245	246	247	248	249	250
251	252	253	254	255	256	257	258	259	260
261	262	263	264	265	266	267	268	269	270

Bitte die Fragen nicht in der Reihenfolge im Buch, sondern spaltenweise abarbeiten – auf diese Weise lesen Sie die Antwort auf die nächste Frage nicht gleich mit.

3. Die Fragen

Die in diesem Kapitel erfassten Fragen ähneln den in einer mündlichen Prüfung formulierten Fragen der Prüfer an Sie. Sie sind in freier Rede zu beantworten – dabei ist es wichtig, Fachbegriffe korrekt zu verwenden und nicht durch ungefähre Umschreibungen zu ersetzen – die Waffensachkundeprüfung setzt als Fachgespräch ein gewisses Niveau voraus, und am Ende entscheidet auch der Eindruck über das Ergebnis der Prüfung, den der Prüfling mit seiner Wortwahl hinterlassen hat.

Bitte beachten Sie, dass die Fragen in der Prüfung möglicherweise abgewandelt gestellt werden. Hören Sie darum dem Prüfer aufmerksam zu und denken Sie nach, bevor Sie antworten. Und noch ein Tipp aus vielen Jahren praktischer Prüfertätigkeit in verschiedenen Lehrgebieten: Beantworten Sie die Frage, die gestellt wurde – viele Prüflinge machen den Fehler, ungefragt weit mehr zu erzählen, als der Prüfer an diesem Punkt der Prüfung wissen will, und das kann einen zunächst positiven Eindruck rasch in das Gegenteil verkehren.

Auch in die neue Auflage sind Fragen aufgenommen worden, die schwieriger zu beantworten sind und ein umfassendes Wissen zu den Vorschriften des Waffengesetzes voraussetzen. Mit diesem Schritt wurde auf Anregungen von Lesern reagiert, die sich neben den typischen auch „härtere" Fragestellungen gewünscht haben.

Die Antworten zu den jeweiligen Fragen werden im Kapitel „Antworten" ab Seite 100 dieses Buches gegeben – unter der Nummer der Frage finden Sie die zusammenfassend formulierte Antwort. In manchen Fällen kann man diese sinngleich auch anders ausformulieren – allerdings geht es hier, wie auch in der Prüfung, nicht um eine wortgetreue Wiedergabe.

Hier liegt aber auch für Sie das Problem – prüfen Sie Ihre eigene Antwort kritisch. Erst bei wirklich vollständiger Antwort sollten Sie mit sich zufrieden sein und die Frage abstreichen. Ansonsten: Später noch einmal!

Ein bewährter Prüferhinweis, der zu Beginn vieler Prüfungen den Teilnehmern gegeben wird und nicht oft genug wiederholt werden kann: Die drei Voraussetzungen für eine gute Prüfung sind Zuhören, Zuhören und Zuhören. Wenn es Ihnen gelingt, Ihre Nervosität zu beherrschen und die gestellten Fragen in vollem Umfang zu erfassen, sollten Sie nach einer guten Vorbereitung die Prüfung bestehen – viele Kandidaten scheitern nicht an mangelndem Wissen, sondern an sich selbst und ihrer Unfähigkeit, konzentriert den Fragen der Prüfer zu folgen.

3.1. Waffenrechtliche Grundlagen

☐ Frage 1

Was ist eine Waffe im Sinne des WaffG?

☐ Frage 2

Ist jedes Messer eine Waffe?

☐ Frage 3

Was sind SRS-Waffen?

☐ Frage 4

Ist ein Kampfmesser eine Waffe?

☐ Frage 5

Darf ein Butterfly-Messer besessen werden?

☐ Frage 6

Was bedeutet der Begriff „verbotene Waffe"?

☐ Frage 7

Dürfen Sie eine verbotene Waffe besitzen?

☐ Frage 8

Darf ein Jäger mit einem verbotenen Faustmesser umgehen?

☐ Frage 9

Wie sind Wurfsterne, die nicht angeschliffen (stumpf) sind, waffenrechtlich zu beurteilen?

☐ Frage 10

Was sind Einhandmesser?

☐ Frage 11

Was ist ein Balisong?

☐ Frage 12

Welcher Teil des WaffG enthält die Waffenliste?

☐ Frage 13

Ist ein Schlagstock eine Waffe?

☐ Frage 14

Was ist eine Schusswaffe?

☐ Frage 15

Ist ein Schalldämpfer ein wesentliches Teil einer Schusswaffe?

☐ Frage 16

Sie wollen ein zweites Griffstück für Ihre Waffe erwerben. Was ist zu tun?

☐ Frage 17

Wie kann ein Springmesser waffenrechtlich eingeordnet werden?

☐ Frage 18

Was ist zu tun, wenn Sie einen Lauf in einem kleineren Kaliber erwerben wollen, der ohne Nacharbeiten in die Waffe eingesetzt werden kann?

☐ Frage 19

Wie sind Magazine für Randfeuerpatronen rechtlich einzuordnen?

☐ Frage 20

Sie wollen mit einem Druckluftgewehr, das ein Zeichen „F im Fünfeck" trägt, in Ihrem Garten schießen. Neben Ihnen steht Ihr 16jähriger Neffe. Was ist zu beachten?

☐ Frage 21

Benötigen Sie für den Erwerb eines Presslings eine Berechtigung?

☐ Frage 22

Gilt das Erwerbsstreckungsgebot auch für den Erwerb auf „WBK gelb", also die WBK für Sportschützen?

☐ Frage 23

Welche Vorschriften des WaffG sind auf Schalldämpfer anzuwenden?

☐ Frage 24

Was bedeutet Umgang im Sinne des WaffG?

☐ Frage 25

Ich betreibe einen An- und Verkauf und habe darum einen Gewerbeschein. Nun habe ich die Möglichkeit, über eine private Quelle erlaubnisfreie Gasrevolver günstig einzukaufen und preiswert anzubieten, so dass ein gewisser Gewinn pro Verkauf übrigbleibt. Was ist hinsichtlich des Verkaufs zu beachten?

☐ Frage 26

Können Sportschützen eine „grüne WBK“ und gleichzeitig auch eine „gelbe WBK“ besitzen?

☐ Frage 27

Welches Mindestalter ist grundsätzlich für den Umgang mit Waffen erforderlich?

☐ Frage 28

Darf ein 12jähriges Mädchen ein Tierabwehrspray bei sich tragen?

☐ Frage 29

Sie wollen einem Schützenkollegen eine Schusswaffe überlassen. Welche Erlaubnis brauchen Sie dafür?

☐ Frage 30

Sie sind auf dem Schießstand. Ein Schützenkollege bittet Sie, ihn mit Ihrer Waffe schießen zu lassen. Allerdings wissen Sie, dass er noch keine WBK besitzt. Dürfen Sie ihm die Waffe übergeben?

☐ Frage 31

Nennen Sie mindestens drei wesentliche Teile einer Langwaffe.

☐ Frage 32

Sie haben einen Austauschlauf für eine Pistole im Kaliber .40 S&W erworben, die in Ihrer WBK eingetragen ist. Darf Ihnen der Händler Munition für diesen Lauf (9 mm x19) überlassen?

☐ Frage 33

Welche Mündungsenergie dürfen Geschosse erreichen, die aus einer Druckluftwaffe mit Prüfzeichen „F im Fünfeck“ verschossen werden?

☐ Frage 34

Welches Mindestalter ist zum Führen eines geprüften und zugelassenen Reizstoffsprühgeräts erforderlich?

☐ Frage 35

Welches Mindestalter ist erforderlich, um ein Druckluftgewehr mit Kennzeichen „F im Fünfeck“ außerhalb einer Schießstätte zu besitzen?

☐ Frage 36

Erlaubt ein Kleiner Waffenschein den Erwerb von Schreckschusswaffen, die weder das Zeichen „PTB im Kreis“ tragen noch den Rechtsvorschriften eines anderen Mitgliedstaates entsprechen?

☐ Frage 37

Welches Mindestalter ist zum Führen eines Tierabwehrsprays auf Pfeffer-Basis erforderlich?

☐ Frage 38

Erlaubt ein Kleiner Waffenschein das Führen von Signalwaffen, die weder das Zeichen „PTB im Kreis“ tragen noch den Rechtsvorschriften eines anderen Mitgliedstaates entsprechen?

☐ Frage 39

Welches Zeichen trägt ein geprüftes Reizstoffsprühgerät?

☐ Frage 40

Nennen Sie mindestens drei verbotene Gegenstände.

☐ Frage 41

Wer führt eine Waffe?

☐ Frage 42

Dürfen Sie ein Einhandmesser führen?

☐ Frage 43

Muss das Blasrohr in einem Waffenschrank aufbewahrt werden?

☐ Frage 44

Bedarf der Handel mit Kampfmessern einer waffenrechtlichen Erlaubnis?

☐ Frage 45

Wer überlässt eine Waffe?

☐ Frage 46

Ist der Verkauf einer Waffe eine Überlassung?

☐ Frage 47

Wer besitzt eine Waffe?

☐ Frage 48

Ein 17jähriger möchte mit einem „Luftgewehr" im Garten schießen. Ist das erlaubt?

☐ Frage 49

Was beschreibt der Begriff „Zuverlässigkeit"?

☐ Frage 50

Was beschreibt der Begriff „Persönliche Eignung"?

☐ Frage 51

Ist die Zuverlässigkeit durch eine Verurteilung wegen Körperverletzung in Gefahr?

☐ Frage 52

Was beschreibt der Begriff „Erwerbsstreckungsgebot"?

☐ Frage 53

Was ist eine Langwaffe?

☐ Frage 54

Ein Gewehr mit Klappschaft hat einen ca. 15 cm langen Lauf, der Verschluss ist 8 cm lang. Das Gewehr ist mit ausgeklapptem Schaft knapp 110 cm lang. Handelt es sich um eine Lang- oder eine Kurzwaffe?

☐ Frage 55

Welche Länge ist bei der Längenmessung einer Waffe mit Klappschaft maßgeblich?

☐ Frage 56

Was ist ein Lauf?

☐ Frage 57

Was beschreibt der Begriff „Bedürfnis“?

☐ Frage 58

Welche Voraussetzungen müssen erfüllt sein, um eine Erwerbserlaubnis (WBK) erteilt zu bekommen?

☐ Frage 59

Auf welche Weise beschränkt die Kontingentierung den Waffenerwerb durch Sportschützen?

☐ Frage 60

Wie sind Schlüssel für einen Waffenschrank aufzubewahren?

☐ Frage 61

Was gilt als Munition?

☐ Frage 62

Was ist im Falle des Verlusts einer WBK zu tun?

☐ Frage 63

Wozu berechtigt eine WBK?

☐ Frage 64

Erlaubt die WBK den Erwerb und Besitz von Munition?

☐ Frage 65

Nennen Sie vier Bedürfnisarten.

☐ Frage 66

Welche Vorschrift regelt, welche Waffen vom sportlichen Schießen ausgeschlossen sind?

☐ Frage 67

Ist eine Doppelflinte ein Einzellader?

☐ Frage 68

Darf eine halbautomatische Langwaffe im cal. 22 lfB. von einem Schützen mit einem 30-Schuss-Magazin im Training verwendet werden?

☐ Frage 69

Erlaubt der Waffenschein den Erwerb und Besitz von Munition?

☐ Frage 70

Welche Farben haben Waffenschein und WBK?

☐ Frage 71

Innerhalb welcher Frist ist der Erwerb einer Waffe aufgrund eines Voreintrags in einer WBK anzuzeigen?

☐ Frage 72

Innerhalb welcher Frist ist der Erwerb einer Waffe aufgrund eines Waffenscheins anzuzeigen?

☐ Frage 73

Wer darf die Standaufsicht übernehmen?

☐ Frage 74

Darf die Standaufsicht am Schießen teilnehmen?

☐ Frage 75

Wann müssen Sie nach dem Kommando „Feuer einstellen!" die Waffe entladen und ablegen?

☐ Frage 76

Ist das Schießen mit der Armbrust erlaubnispflichtig?

☐ Frage 77

In welcher Form werden Entscheidungen des BKA zur waffenrechtlichen Einordnung von Gegenständen bekanntgemacht?

☐ Frage 78

Wozu dient die „gelbe WBK", also die WBK für Sportschützen?

☐ Frage 79

Welche Waffenarten können aufgrund einer WBK für Sportschützen erworben werden?

☐ Frage 80

Erlaubt die WBK für Sportschützen den Erwerb und Besitz von Munition?

☐ Frage 81

Kann Munition auch ohne eine WBK legal erworben werden?

☐ Frage 82

Was ist ein MES?

☐ Frage 83

Sie wollen den Lauf Ihrer Vorderschaftrepetierflinte kürzen lassen. Was ist zu beachten?

☐ Frage 84

Eine Pistole im cal. .223 Rem. wird Ihnen günstig angeboten. Was ist zu beachten, wenn Sie den Erwerb beantragen wollen?

☐ Frage 85

Dürfen Sportschützen Deutschüsse abgeben?

☐ Frage 86

Was wird als „Leihe einer Schusswaffe" bezeichnet?

☐ Frage 87

Was ist bei der Leihe einer Schusswaffe zu beachten?

☐ Frage 88

Was unterscheidet Verwahrung und Leihe?

☐ Frage 89

Wie lange ist in der Regel ein Voreintrag in der WBK gültig?

☐ Frage 90

Was beschreibt der Begriff „Voreintrag"?

☐ Frage 91

Wer darf Eintragungen in der WBK vornehmen?

☐ Frage 92

Ihre WBK ist Ihnen entwendet worden. Was ist zu beachten?

☐ Frage 93

Wem melden Sie die Überlassung Ihrer privaten Schusswaffe?

☐ Frage 94

Ist eine Armbrust eine Schusswaffe?

☐ Frage 95

Sie erwerben aufgrund eines Voreintrages eine Schusswaffe. Darf der Verkäufer Ihnen die Waffe überlassen, bevor Sie den Erwerb der zuständigen Behörde angezeigt haben?

☐ Frage 96

Welches Prüfzeichen trägt ein erlaubnisfrei erhältlicher Schreckschussrevolver?

☐ Frage 97

An wen dürfen Sie eine Schusswaffe ohne Beschusszeichen überlassen?

☐ Frage 98

Welche Papiere müssen Sie vorlegen können, wenn Sie eine Waffe führen?

☐ Frage 99

Ist ein Samurai-Schwert eine verbotene Waffe?

☐ Frage 100

Welche Sonderregelung gilt für den gewerblichen Transport von Schusswaffen?

☐ Frage 101

Für welchen Zeitraum ist ein Waffenschein gültig?

☐ Frage 102

Wie oft kann ein Waffenschein verlängert werden?

☐ Frage 103

Ein Sportschütze und ein Jäger wollen ihre Kurzwaffen tauschen, da beide das Waffenmodell des Anderen für geeigneter halten, den Bedürfniszweck zu erreichen. Welcher Antrag ist zu stellen?

☐ Frage 104

Ein Sportschütze und ein Jäger wollen ihre Kurzwaffen vorübergehend tauschen, da beide das Waffenmodell des Anderen für geeigneter halten, den Bedürfniszweck zu erreichen. Welcher Antrag ist zu stellen?

☐ Frage 105

Ein Sportschütze gibt seine Sportwaffe bei einem Händler in Zahlung, um eine neue Waffe der gleichen Art im gleichen Kaliber zu erwerben. Ist eine Änderung der WBK durch die Waffenbehörde erforderlich?

☐ Frage 106

Ein Sportschütze will durch die Vermittlung von Erbwaffen einen Nebenverdienst erzielen. Ist das erlaubt, wenn er selbst die Waffen weder annimmt noch lagert oder an andere Personen überlässt?

☐ Frage 107

Ein Waffenhändler sieht sich einer Gefahr durch die steigende Kriminalität ausgesetzt. Welche Erlaubnis muss er beantragen, wenn er eine Waffe zum Schutz bei Waffentransporten schussbereit bei sich tragen will?

☐ Frage 108

Ein Tierarzt besitzt ein Narkosegewehr mit dem Prüfzeichen „F im Fünfeck". Darf er diese erlaubnisfrei erworbene Waffe führen?

☐ Frage 109

Was ist eine Schusswaffe: Blasrohr oder Narkosegewehr cal. 12?

☐ Frage 110

Welche Mindestlauflänge müssen Kurzwaffen im Schießsport haben?

☐ Frage 111

Ist ein Magazin ein wesentliches Teil einer Schusswaffe?

☐ Frage 112

Darf eine Salutwaffe mit Kleinem Waffenschein geführt werden?

☐ Frage 113

Ist ein Schalldämpfer ein wesentliches Teil einer Schusswaffe?

☐ Frage 114

Was unterscheidet Patronenmunition und Kartuschenmunition?

☐ Frage 115

Können Platzpatronen für Schrotflinten erlaubnisfrei erworben werden?

☐ Frage 116

Was unterscheidet Nachbildungen von unbrauchbar gemachten Schusswaffen?

☐ Frage 117

Wann ist der Nachweis der sicheren Aufbewahrung einer Waffe zu erbringen?

☐ Frage 118

Für welche Erlaubnisse ist der Nachweis einer bestehenden Haftpflichtversicherung erforderlich?

☐ Frage 119

Sie wollen eine Schusswaffe überlassen. Welche Erlaubnis müssen Sie einholen?

☐ Frage 120

Auf welchen Zeitraum ist die Verwahrung einer Schusswaffe durch einen WBK-Inhaber beschränkt?

☐ Frage 121

Welche Regelungen des WaffG sind auf Kriegswaffen anzuwenden?

☐ Frage 122

Welches Mindestalter ist erforderlich, wenn ein Sportschütze eine Pistole im Kaliber .45 ACP erwerben will?

☐ Frage 123

Was ist ein Einsatz?

☐ Frage 124

Wie darf Munition gewerblich überlassen werden?

☐ Frage 125

Ein Sportschütze findet eine Schrotflinte. Er hat eine WBK für Sportschützen, in der bereits eine Schrotflinte eingetragen ist. Was ist neben der Anzeige des Erwerbs zu beachten?

3.2. Transport von Waffen und Munition

☐ Frage 126

Wie ist Munition zu transportieren?

☐ Frage 127

Warum muss Munition nicht in einem verschlossenen Behältnis transportiert werden?

☐ Frage 128

Sie sind nicht im Besitz einer waffenrechtlichen Erlaubnis. Dürfen Sie trotzdem für Ihren Schützenverein eine Waffe transportieren?

☐ Frage 129

Muss der Transport einer Schusswaffe grundsätzlich in einem verschlossenen Behältnis erfolgen?

☐ Frage 130

Müssen Waffe und Munition getrennt transportiert werden?

☐ Frage 131

Darf ich ein Pistolenmagazin mit Patronen füllen und transportieren?

☐ Frage 132

Wer darf das Transportbehältnis tragen?

☐ Frage 133

Ist eine Erlaubnis zum Befördern von Waffen erforderlich?

☐ Frage 134

Welche Vorsichtsmaßnahmen sind beim Transport einer Waffe in einem privaten PKW zu treffen?

☐ Frage 135

Darf sich bei einem Transport einer Waffe die Munition bereits in einem Magazin befinden, das aber nicht in die Waffe eingeführt ist und im Waffenkoffer neben der Waffe liegt?

☐ Frage 136

Sie wollen einem Freund beim Umzug helfen. Dürfen Sie seine in einem Futteral verschlossenen Langwaffen ohne seine Begleitung in Ihrem PKW transportieren?

3.3. Aufbewahrung von Waffen und Munition

Bitte beachten Sie, dass der Fragenkatalog des Bundesverwaltungsamtes auch Regeln zur Aufbewahrung durch Altbesitzer enthält, die sich auf die Nutzung von A- und B-Schränken beziehen. Darum sollte die Vorbereitung auf die Prüfung auch das Lernen der Aufbewahrungsregeln bei Nutzung älterer Waffenschränke berücksichtigen.

☐ Frage 137

Wie viele Langwaffen dürfen Sie in einem Behältnis der Sicherheitsstufe A nach VDMA 24992 Stand Mai 1995 aufbewahren?

☐ Frage 138

Welche Zertifizierung muss ein Behältnis mindestens aufweisen, damit Sie in ihm Waffe und Munition gemeinsam aufbewahren dürfen?

☐ Frage 139

Ein Jäger will verreisen und vertraut seiner bei ihm wohnenden Tochter, die lediglich einen Kleinen Waffenschein besitzt, den Zahlencode für seinen Waffenschrank für den Fall an, dass eine behördliche Kontrolle der Aufbewahrung erfolgt. Ist dies zulässig?

☐ Frage 140

In einer Jagdhütte soll eine Langwaffe im cal. .308 Win. aufbewahrt werden. Welches Behältnis ist erforderlich?

☐ Frage 141

Sie wollen zwölf Kleinkaliber-Revolver aufbewahren. Ist dies in einem Behältnis der Sicherheitsstufe A nach VDMA 24992 Stand Mai 1995 zulässig, das ein Eigengewicht von 240 kg hat?

☐ Frage 142

Sie wollen Munition aufbewahren. Was ist zu tun?

☐ Frage 143

Sie wollen zehn Kleinkaliber-Revolver aufbewahren. Ist dies in einem Behältnis der Sicherheitsstufe B nach VDMA 24992 Stand Mai 1991 zulässig, das ein Eigengewicht von 240 kg hat?

☐ Frage 144

Was ist ein „Jägerschrank“?

☐ Frage 145

Darf eine Kurzwaffe zusammen mit Munition aufbewahrt werden?

☐ Frage 146

Wie ist eine Druckluftwaffe mit Prüfzeichen „F im Fünfeck“ aufzubewahren?

☐ Frage 147

Wie ist eine SRS-Waffe mit Kennzeichen „PTB im Kreis“ aufzubewahren?

☐ Frage 148

Ein Waffenschrank soll von Eheleuten gemeinsam genutzt werden. Was ist zu beachten?

☐ Frage 149

Darf ich ein Pistolenmagazin mit Patronen füllen und neben der Waffe liegend im B-Innenschrank eines Jägerschranks aufbewahren?

☐ Frage 150

Sie sind auf eine Reise zu einem Schießwettbewerb. Was müssen Sie bezüglich der Aufbewahrung der Waffen im Hotel beachten?

☐ Frage 151

Sie wollen eine Signalpistole aufbewahren. Was ist zu tun?

☐ Frage 152

Nach Bestehen Ihrer Sachkundeprüfung müssen Sie für die Beantragung Ihrer ersten WBK die Möglichkeit der sicheren Aufbewahrung für die beantragte Waffe nachweisen. Ein Bekannter bietet Ihnen einen Waffenschrank der Stufe B nach VDMA 24992 an, da Sie einen Revolver beantragen wollen und er selbst in diesem Behälter einen Revolver aufbewahrt. Ist es sinnvoll, diesen preislich günstig angebotenen Waffenschrank zu kaufen?

☐ Frage 153

Wie viele Langwaffen dürfen in einem Waffenschrank mit insgesamt sieben Halterungen aufbewahrt werden?

☐ Frage 154

Ist die Verankerung eines Waffenschranks gesetzlich vorgeschrieben?

☐ Frage 155

Eine Langwaffe, die in den 80er Jahren unbrauchbar gemacht worden ist, hängt bei einem Nachbarn dekorativ an der Wand. Sie ist mit Schrauben an der Wand befestigt und mit einem Vorhängeschloss gesichert. Ist das zulässig?

3.4. Beschussrecht

☐ Frage 156

Deutschland ist ein ...-Staat und erkennt darum Beschusszeichen solcher Länder an, die ebenfalls ...-Staaten sind. Wie heißt diese Organisation?

☐ Frage 157

Wozu dient der Beschuss?

☐ Frage 158

Wann ist ein erneuter Beschuss erforderlich?

☐ Frage 159

Welcher der nachfolgenden Staaten ist <u>kein</u> CIP-Staat?

Schweiz – USA – Finnland – Tschechien - Italien

☐ Frage 160

Welcher der nachfolgenden Staaten ist ein CIP-Staat?

Luxemburg – Österreich – Spanien – Griechenland - Dänemark

☐ Frage 161

Welches Beschusszeichen besteht aus dem Kürzel „CIP" mit dem darunter eingeschlagenen Buchstaben „S"?

☐ Frage 162

Welches Beschusszeichen besteht aus einem Bundesadler mit dem darunter eingeschlagenen Buchstabenkürzel „PN"? (Ergänzender Hinweis: Kann auch aus Bundesadler und darunter eingeschlagenem Buchstabenkürzel „SP" bestehen)

☐ Frage 163

Wie viel höher ist der Gasdruck, der bei einem Beschuss entsteht?

☐ Frage 164

Eine Schusswaffe wurde unbrauchbar gemacht. Darf er sie dem Kunden überlassen?

☐ Frage 165

Woran sind Beschusspatronen zu erkennen?

☐ Frage 166

Ein Revolver wird beschossen. Wie oft „knallt" es dabei?

☐ Frage 167

Ein Gewinde wird auf einen Lauf geschnitten, um einen Schalldämpfer montieren zu können. Ist ein Beschuss erforderlich, wenn der Lauf augenscheinlich dickwandig ist und sich nicht verformt hat?

☐ Frage 168

Welche Beschusszeichen muss eine Flinte tragen, aus der Magnum-Patronen im Kaliber 12/76 mit 4-mm-Stahlschroten verschossen werden?

☐ Frage 169

Nach wie vielen Jahren ist eine Schusswaffe erneut zu beschießen?

☐ Frage 170

Nach wie vielen Jahren ist ein Böller erneut dem Beschussamt zur Prüfung zuzuleiten?

3.5. Notwehr und Notstand

☐ Frage 171

Was ist Notwehr? (Definition aus § 32 Abs. 2 StGB)

☐ Frage 172

Was unterscheidet Notwehr und Notstand?

☐ Frage 173

Was ist Putativnotwehr?

☐ Frage 174

Wann ist eine Überschreitung der Notwehrgrenzen nicht strafbar?

☐ Frage 175

Eine Person, die Sie nicht kennen, wird von einem Täter angegriffen. Dürfen Sie ohne Aufforderung den Täter in die Flucht schlagen?

☐ Frage 176

Welche Grenzen sind der Notwehr gesetzt?

☐ Frage 177

Wogegen muss sich der Angriff richten, damit sich eine Person auf Notwehr berufen kann?

☐ Frage 178

Dürfen Sie im Falle eines Angriffs mit einem Messer sofort von der Schusswaffe Gebrauch machen?

☐ Frage 179

Wann ist ein Angriff gegenwärtig?

☐ Frage 180

Gibt es auch ein Notwehrrecht außerhalb des Strafrechts?

☐ Frage 181

Wohin ist ein Warnschuss abzugeben?

☐ Frage 182

Ein freilaufender Hund fällt sie ohne erkennbaren Grund an. Können Sie sich bei Ihren Abwehrhandlungen auf Notwehr berufen?

3.6. Waffenkunde

☐ Frage 183

Welches Laufprofil haben Flinten?

☐ Frage 184

Welche Aufgabe hat der Verschluss?

☐ Frage 185

Was bedeutet „lidern“?

☐ Frage 186

Aus welchen Bestandteilen ist eine Kugelpatrone aufgebaut, z.B. im Kaliber 9 mm x 19?

☐ Frage 187

Welches Laufprofil haben Büchsen?

☐ Frage 188

Welcher Durchmesser ist geringer, der Zug-Durchmesser oder der Feld-Durchmesser??

☐ Frage 189

In welcher Reihenfolge werden bei einer Doppelflinte mit nur einem Abzug die Läufe abgefeuert?

☐ Frage 190

Wozu dient der Stecher-Abzug?

☐ Frage 191

Welche Sicherungsart ist effektiver, die Abzugs- oder die Schlagbolzensicherung??

☐ Frage 192

Was ist ein Züngel?

☐ Frage 193

Was ist ein Schlitten?

☐ Frage 194

Was ist ein Kran?

☐ Frage 195

Eine mehrschüssige Pistole hat ein Magazin. Wie wird die Funktion des Magazins in einem Revolver übernommen?

☐ Frage 196

Was ist die Laufseele?

☐ Frage 197

Was ist die Drall-Länge?

☐ Frage 198

Wozu dient der Drall?

☐ Frage 199

Was ist ein Choke?

☐ Frage 200

Was ist eine Würgebohrung?

☐ Frage 201

Was ist ein Wechsel-Choke?

☐ Frage 202

Ist ein Drilling ein Einzellader?

☐ Frage 203

Was ist ein Waldläufer?

☐ Frage 204

Der Browning-Verschluss ist ein verriegelter Masseverschluss. Stimmt das?

☐ Frage 205

Die P7 der Firma Heckler & Koch verfügt über einen gasgebremsten Masseverschluss. Handelt es sich dabei um einen verriegelten oder um einen unverriegelten Verschluss?

☐ Frage 206

Wozu dienen Laufhaken?

3.7. Verbotene Waffen

☐ Frage 207

Warum ist ein als Regenschirm getarnter Schlagstock verboten?

☐ Frage 208

Ist ein Teleskopschlagstock ein verbotener Gegenstand?

☐ Frage 209

Erläutern Sie die Wirkung eines „Molotow-Cocktails“.

☐ Frage 210

Darf man einen „Totschläger“ führen?

☐ Frage 211

Was ist ein Wilderergewehr?

☐ Frage 212

Ist ein Springmesser eine verbotene Waffe?

☐ Frage 213

Welche Gesamtlänge darf eine Vorderschaftrepetierflinte nicht unterschreiten?

☐ Frage 214

Welche Lauflänge darf eine Vorderschaftrepetierflinte nicht unterschreiten?

☐ Frage 215

Was ist ein Schießkugelschreiber?

☐ Frage 216

Darf ein Schaumstoff-Nunchaku zum Kampfsport-Training in einem verschlossenen Behältnis mitgenommen werden?

☐ Frage 217

Warum sind Faustmesser verboten?

☐ Frage 218

Ein Nachtsichtgerät mit Montagevorrichtung wird ohne die dazu passende Schusswaffe von einer Person besessen. Ist dies zulässig?

☐ Frage 219

Kann die Waffenbehörde eine Ausnahme von einem Verbot erteilen?

3.8. Munitionskunde

☐ Frage 220

Was ist ein „solid“?

☐ Frage 221

Was bedeutet „Vollmantel“?

☐ Frage 222

Was ist Tombak?

☐ Frage 223

Wo ist der Hülsenmund?

☐ Frage 224

Wie viele Öffnungen zum Pulverraum hat eine Boxer-Zündung?

☐ Frage 225

Wofür steht Sinoxid?

☐ Frage 226

Haben Randfeuerpatronen eine Boxer- oder Berdan-Zündung?

☐ Frage 227

Die Hülsenlänge einer Patrone im Kaliber 7,62 x 51 beträgt?

☐ Frage 228

Was ist ein Wadcutter?

☐ Frage 229

Was ist die Einsetztiefe?

☐ Frage 230

Wann wurde die Patrone im Kaliber .30-06 bei der US-Army eingeführt?

☐ Frage 231

Sind Eierbecher für Druckluftwaffen Munition?

☐ Frage 232

Welche Zündung hat in der Regel nur ein Zündloch, die Boxer- oder die Berdan-Zündung?

☐ Frage 233

Erläutern Sie den Begriff „short and fat“ bei Büchsenpatronen.

☐ Frage 234

Wofür steht das Kürzel „VM“?

☐ Frage 235

Was ist ein Pressling?

☐ Frage 236

Sind Signalpatronen cal. 4 erlaubnisfrei zu erwerben?

☐ Frage 237

Was ist ein FLG?

☐ Frage 238

Wie wird munitionsseitig verhindert, dass in einem Revolver im Kaliber .38 Special eine Patrone im Kaliber .357 Magnum geladen wird?

☐ Frage 239

Was ist ein Sintox-Zündsatz?

☐ Frage 240

Wie hoch ist der maximale Gasdruck in einer Langwaffe des Kalibers .308 Win.?

☐ Frage 241

Was ist ein „Brenneke-Geschoss“?

3.9. Ballistik

☐ Frage 242

Welches Geschoss hat in einem Tierkörper eine stärkere Aufhaltekraft? Ein Vollmantel- oder ein Teilmantel-Geschoss?

☐ Frage 243

Welcher Teil der Ballistik beschreibt die Vorgänge in der Waffe?

☐ Frage 244

Was ist Präzession?

☐ Frage 245

Was ist Rasanz?

☐ Frage 246

Was beschreibt die Hatcher-Formel?

☐ Frage 247

Welchen Gefahrenbereich hat ein Flintenlaufgeschoss?

☐ Frage 248

Welchen Gefahrenbereich hat eine Patrone im Kaliber 9mm x 19?

☐ Frage 249

Welcher Restkörper ist stärker verformt, der eines Teilmantel- oder der eines Vollmantelgeschosses?

☐ Frage 250

Ist der Gasdruck während der innenballistischen Vorgänge konstant?

☐ Frage 251

Sind moderne Revolver gasdicht?

☐ Frage 252

Wie hoch ist die Mündungsgeschwindigkeit eines Geschosses, das aus einer Pistole im Kaliber 9 mm x19 verschossen wird?

☐ Frage 253

Wie wird der Gefahrenbereich beim Schrotschuss berechnet?

☐ Frage 254

Bewegt sich ein Geschoss auf einer geraden Linie?

☐ Frage 255

Welche Geschwindigkeit haben mittlere Büchsenkaliber für Zentralfeuerpatronen in der Regel?

☐ Frage 256

Welchen Einfluss hat das Geschossgewicht auf die Geschossenergie?

3.10. Sicherheit auf der Schießstätte

☐ Frage 257

Was kann die Folge sein, wenn ein Schütze auf dem Schießstand keinen Gehörschutz trägt?

☐ Frage 258

Wer ist geeignet, die Standaufsicht zu führen?

☐ Frage 259

Wozu dient eine Schießbrille?

☐ Frage 260

Was ist bezüglich der Raumluft auf dem Schießstand zu beachten?

☐ Frage 261

Was ist nach Übernahme einer Schusswaffe auf dem Stand immer zu prüfen?

☐ Frage 262

Ein Schütze übergibt Ihnen eine Waffe mit den Worten „ist ungeladen“. Wie reagieren Sie?

☐ Frage 263

Was bedeutet das Kommando „Sicherheit“?

☐ Frage 264

Sie führen die Aufsicht beim Schützen. Sie bemerken eine „leichte Alkoholfahne“. Was ist zu tun?

☐ Frage 265

Wie müssen Schusswaffen abgelegt werden?

☐ Frage 266

Der Schuss aus einer Pistole klang „schlapper" als gewöhnlich. Wie reagieren Sie?

☐ Frage 267

Wann darf der Abzugsfinger das Züngel berühren?

☐ Frage 268

Ein Schütze möchte sich in Ruhe auf einen Wettkampf vorbereiten. Darf er ohne Aufsicht schießen?

☐ Frage 269

Sie machen eine Pause während des Schießtrainings. Dürfen Sie Ihre Waffe unbeaufsichtigt auf dem Schießstand liegen lassen?

☐ Frage 270

Sie nehmen am Schießtraining mit Großkaliberwaffen auf einem geschlossenen Schießstand teil. Die Aufsicht gibt das Kommando „Feuer frei!" Beim Abfeuern Ihrer Waffe spüren Sie einen stechenden Schmerz im Ohr und bemerken danach auch einen unangenehmen Pfeifton. Sie haben vergessen, Ihren Gehörschutz aufzusetzen, und die Aufsicht hat das nicht bemerkt. Was ist sofort zu veranlassen?

4. Prüfungshinweise Ihres Dozenten

Bitte notieren Sie auf dieser Seite die Hinweise Ihres Dozenten bezüglich der Prüfung (Schwerpunkte, Verhalten, Erfahrungen).

5. Gesetzestexte

Inkrafttreten der letzten Änderungen: 31.10.2024 (hier gedruckte Fassungen)

5.1. Das Waffengesetz (WaffG), Auszug

§ 1 Gegenstand und Zweck des Gesetzes, Begriffsbestimmungen

(1) Dieses Gesetz regelt den **Umgang** mit Waffen oder Munition unter Berücksichtigung der Belange der öffentlichen Sicherheit und Ordnung.

(2) **Waffen** sind

1. Schusswaffen oder ihnen gleichgestellte Gegenstände und

2. tragbare Gegenstände,

a) die **ihrem Wesen nach dazu bestimmt** sind, die **Angriffs- oder Abwehrfähigkeit** von **Menschen** zu beseitigen oder herabzusetzen, insbesondere Hieb- und Stoßwaffen;

b) die, **ohne dazu bestimmt** zu sein, insbesondere **wegen ihrer Beschaffenheit, Handhabung oder Wirkungsweise geeignet** sind, die Angriffs- oder Abwehrfähigkeit von Menschen zu beseitigen oder herabzusetzen, und die **in diesem Gesetz genannt** sind.

(3) **Umgang** mit einer Waffe oder Munition hat, wer diese erwirbt, besitzt, überlässt, führt, verbringt, mitnimmt, damit schießt, herstellt, bearbeitet, instand setzt oder damit Handel treibt. Umgang mit einer Waffe hat auch, wer diese unbrauchbar macht.

(4) Die **Begriffe** der Waffen und Munition sowie die **Einstufung** von Gegenständen nach Absatz 2 Nr. 2 Buchstabe b als Waffen, die Begriffe der Arten des Umgangs und sonstige waffenrechtliche Begriffe sind in der **Anlage 1** (Begriffsbestimmungen) zu diesem Gesetz näher geregelt.

§ 2 Grundsätze des Umgangs mit Waffen oder Munition, Waffenliste

(1) Der **Umgang** mit Waffen oder Munition ist nur Personen gestattet, die das **18. Lebensjahr** vollendet haben.

(2) Der Umgang mit Waffen oder Munition, die in der Anlage 2 (Waffenliste) Abschnitt 2 zu diesem Gesetz genannt sind, bedarf der Erlaubnis.

(3) Der Umgang mit Waffen oder Munition, die in der Anlage 2 Abschnitt 1 zu diesem Gesetz genannt sind, ist verboten.

(4) Waffen oder Munition, mit denen der Umgang ganz oder teilweise von der Erlaubnispflicht oder von einem Verbot ausgenommen ist, sind in der Anlage 2 Abschnitt 1 und 2 genannt. Ferner sind in der Anlage 2 Abschnitt 3 die Waffen und Munition genannt, auf die dieses Gesetz ganz oder teilweise nicht anzuwenden ist.

(5) Bestehen Zweifel darüber, ob ein Gegenstand von diesem Gesetz erfasst wird oder wie er nach Maßgabe der Begriffsbestimmungen in Anlage 1 Abschnitt 1 und 3 und der Anlage 2 einzustufen ist, so entscheidet auf Antrag die zuständige Behörde. Antragsberechtigt sind

1. Hersteller, Importeure, Erwerber oder Besitzer des Gegenstandes, soweit sie ein berechtigtes Interesse an der Entscheidung nach Satz 1 glaubhaft machen können,

2. die zuständigen Behörden des Bundes und der Länder.

Die nach Landesrecht zuständigen Behörden sind vor der Entscheidung zu hören. Die Entscheidung ist für den Geltungsbereich dieses Gesetzes allgemein verbindlich. Sie ist im Bundesanzeiger bekannt zu machen.

§ 3 Umgang mit Waffen oder Munition durch Kinder und Jugendliche

(1) **Jugendliche** dürfen im Rahmen eines Ausbildungs- oder Arbeitsverhältnisses abweichend von § 2 Abs. 1 **unter Aufsicht eines weisungsbefugten Waffenberechtigten** mit Waffen oder Munition umgehen.

(2) **Jugendliche** dürfen abweichend von § 2 Abs. 1 Umgang mit **geprüften Reizstoffsprühgeräten** haben.

(3) Die zuständige Behörde kann für Kinder und Jugendliche allgemein oder für den Einzelfall **Ausnahmen** von Alterserfordernissen zulassen, wenn **besondere Gründe** vorliegen **und öffentliche Interessen** nicht entgegenstehen.

§ 4 Voraussetzungen für eine Erlaubnis

(1) Eine Erlaubnis setzt voraus, dass der Antragsteller

1. das **18. Lebensjahr** vollendet hat (§ 2 Abs. 1),

2. die erforderliche **Zuverlässigkeit** (§ 5) und **persönliche Eignung** (§ 6) besitzt,

3. die erforderliche **Sachkunde** nachgewiesen hat (§ 7),

4. ein **Bedürfnis** nachgewiesen hat (§ 8) und

5. bei der Beantragung eines **Waffenscheins** oder einer **Schießerlaubnis** eine **Versicherung gegen Haftpflicht** in Höhe von 1 Million Euro - pauschal für Personen- und Sachschäden - nachweist.

(2) Die Erlaubnis zum Erwerb, Besitz, Führen oder Schießen kann versagt werden, wenn der Antragsteller seinen gewöhnlichen Aufenthalt nicht seit mindestens **fünf Jahren** im Geltungsbereich dieses Gesetzes hat.

(3) Die zuständige Behörde hat die Inhaber von waffenrechtlichen Erlaubnissen in **regelmäßig**en Abständen, mindestens jedoch nach Ablauf von drei Jahren, erneut auf ihre **Zuverlässigkeit** und ihre **persönliche Eignung** zu prüfen sowie in den Fällen des Absatzes 1 Nr. 5 sich das Vorliegen einer Versicherung gegen Haftpflicht nachweisen zu lassen.

(4) Die zuständige Behörde hat das **Fortbestehen des Bedürfnisses** bei Inhabern einer waffenrechtlichen Erlaubnis **alle fünf Jahre** erneut zu überprüfen.

(5) Zur Erforschung des Sachverhalts kann die zuständige Behörde in begründeten Einzelfällen das **persönliche Erscheinen des Antragstellers oder des Erlaubnisinhabers** verlangen. Ein **begründeter Einzelfall** liegt insbesondere vor, wenn **Tatsachen** Zweifel an der Zuverlässigkeit oder persönlichen Eignung begründen. **Anhaltspunkte** hierfür können sich beispielsweise aus dem Schriftverkehr oder aus Telefonaten des Antragstellers oder des Erlaubnisinhabers mit der zuständigen Behörde oder aus allgemein zugänglichen Quellen ergeben.

(6) Zur **Erforschung des Sachverhalts** ist die zuständige Behörde befugt, in **öffentlich zugänglichen Quellen** zu **recherchieren** und diese Erkenntnisse insbesondere in die Prüfung nach den §§ 5 und 6 einfließen zu lassen.

§ 5 Zuverlässigkeit

(1) Die erforderliche Zuverlässigkeit besitzen Personen nicht,

1. die **rechtskräftig** verurteilt worden sind

a) wegen eines **Verbrechens**,

b) wegen sonstiger vorsätzlicher Straftaten zu einer **Freiheitsstrafe von mindestens einem Jahr** oder

c) zu einer **Freiheitsstrafe oder Geldstrafe von mindestens 90 Tagessätzen** wegen einer Straftat nach den §§ 80a, 83 Absatz 2, § 84 Absatz 1 bis 3, § 85 Absatz 1 Satz 1 und Absatz 2, § 87 Absatz 1, § 88 Absatz 1, § 89 Absatz 1, § 89a Absatz 1 bis 3, § 89b Absatz 1, § 89c Absatz 1 und 2, § 91 Absatz 1, § 95 Absatz 1, § 96 Absatz 2 oder § 97b des Strafgesetzbuches, nach § 98 des Strafgesetzbuches, soweit nicht ein Fall des § 98 Absatz 2 des Strafgesetzbuches vorliegt, nach § 99 Absatz 2 des Strafgesetzbuches, soweit nicht ein Fall des § 99 Absatz 3 des Strafgesetzbuches vorliegt, nach § 100a Absatz 1 in Verbindung mit Absatz 4 des Strafgesetzbuches oder nach den §§ 129, § 129a Absatz 3 und 5 des Strafgesetzbuches, auch in Verbindung mit § 129b Absatz 1 des Strafgesetzbuches, wenn seit dem Eintritt der Rechtskraft der letzten Verurteilung zehn Jahre noch nicht verstrichen sind,

2. bei denen **Tatsachen** die Annahme rechtfertigen, dass sie

a) Waffen oder Munition missbräuchlich oder leichtfertig verwenden werden,

b) mit Waffen oder Munition nicht vorsichtig oder sachgemäß umgehen oder diese Gegenstände nicht sorgfältig verwahren werden,

c) Waffen oder Munition Personen überlassen werden, die zur Ausübung der tatsächlichen Gewalt über diese Gegenstände nicht berechtigt sind.

(2) Die erforderliche Zuverlässigkeit besitzen **in der Regel** Personen nicht,

1.

a) die wegen einer **vorsätzlichen** Straftat,

b) die wegen einer **fahrlässigen** Straftat im Zusammenhang mit dem Umgang mit Waffen, Munition oder explosionsgefährlichen Stoffen oder wegen einer fahrlässigen gemeingefährlichen Straftat,

c) die wegen einer Straftat nach dem Waffengesetz, dem Gesetz über die Kontrolle von Kriegswaffen, dem Sprengstoffgesetz oder dem Bundesjagdgesetz

zu einer Freiheitsstrafe, Jugendstrafe, Geldstrafe von **mindestens 60 Tagessätzen** oder mindestens zweimal zu einer geringeren Geldstrafe rechtskräftig verurteilt worden sind oder bei denen die Verhängung von Jugendstrafe ausgesetzt worden ist, wenn seit dem Eintritt der Rechtskraft der letzten Verurteilung fünf Jahre noch nicht verstrichen sind,

2. die Mitglied

a) in einem **Verein**, der nach dem Vereinsgesetz als Organisation **unanfechtbar verboten** wurde oder der einem **unanfechtbaren Betätigungsverbot nach dem Vereinsgesetz** unterliegt, oder

b) in einer **Partei**, deren **Verfassungswidrigkeit das Bundesverfassungsgericht** nach § 46 des Bundesverfassungsgerichtsgesetzes **festgestellt** hat,

waren, wenn seit der Beendigung der Mitgliedschaft zehn Jahre noch nicht verstrichen sind,

3. bei denen Tatsachen die Annahme rechtfertigen, dass sie in den letzten fünf Jahren

a) Bestrebungen einzeln verfolgt haben, die

aa) **gegen die verfassungsmäßige Ordnung** gerichtet sind,

bb) **gegen den Gedanken der Völkerverständigung**, insbesondere gegen das friedliche Zusammenleben der Völker, gerichtet sind oder

cc) durch Anwendung von Gewalt oder darauf gerichtete Vorbereitungshandlungen **auswärtige Belange der Bundesrepublik Deutschland gefährden**,

b) **Mitglied in einer Vereinigung** waren, die solche Bestrebungen verfolgt oder verfolgt hat, oder

c) eine **solche Vereinigung unterstützt** haben,

4. die innerhalb der letzten fünf Jahre mehr als einmal wegen Gewalttätigkeit mit richterlicher Genehmigung in polizeilichem Präventivgewahrsam waren,

5. die wiederholt oder gröblich gegen die Vorschriften eines der in Nummer 1 Buchstabe c genannten Gesetze verstoßen haben.

(3) In die Frist nach Absatz 1 Nr. 1 oder Absatz 2 Nr. 1 nicht eingerechnet wird die Zeit, in welcher die betroffene Person auf behördliche oder richterliche Anordnung in einer Anstalt verwahrt worden ist.

(4) Ist ein Verfahren wegen Straftaten im Sinne des Absatzes 1 Nr. 1 oder des Absatzes 2 Nr. 1 noch nicht abgeschlossen, so kann die zuständige Behörde die Entscheidung über den **Antrag auf Erteilung** einer waffenrechtlichen Erlaubnis bis zum rechtskräftigen Abschluss des Verfahrens **aussetzen**.

(5) Die zuständige Behörde hat im Rahmen der Zuverlässigkeitsprüfung folgende Erkundigungen einzuholen:

1. die unbeschränkte Auskunft aus dem **Bundeszentralregister**;

2. die Auskunft aus dem **zentralen staatsanwaltschaftlichen Verfahrensregister** hinsichtlich der in Absatz 2 Nummer 1 genannten Straftaten;

3. die Stellungnahmen der zuständigen Behörde der Landespolizei oder der zentralen Polizeidienststelle oder des zuständigen Landeskriminalamtes sowie der in der Rechtsverordnung nach § 58 Absatz 1 des Bundespolizeigesetzes bestimmten Bundespolizeibehörde und des Zollkriminalamtes sowie, soweit im Einzelfall erforderlich, des Bundeskriminalamtes (Bedarfsabfragebehörde), ob Tatsachen vorliegen, die Bedenken gegen die Zuverlässigkeit begründen; die zuständige Behörde der Landespolizei oder die zentrale Polizeidienststelle oder das zuständige Landeskriminalamt und die in der Rechtsverordnung nach § 58 Absatz 1 des Bundespolizeigesetzes bestimmte Bundespolizeibehörde schließen in ihre Stellungnahme das Ergebnis der von ihnen vorzunehmenden Prüfung nach Absatz 2 Nummer 4 ein;

4. die Auskunft der für den Wohnsitz der betroffenen Person zuständigen **Verfassungsschutzbehörde**, ob Tatsachen bekannt sind, die Bedenken gegen

die Zuverlässigkeit nach Absatz 2 Nummer 2 und 3 begründen; liegt der Wohnsitz der betroffenen Person außerhalb des Geltungsbereichs dieses Gesetzes, ist das Bundesamt für Verfassungsschutz für die Erteilung der Auskunft zuständig.

Die nach Satz 1 Nummer 2 erhobenen personenbezogenen Daten dürfen nur für den Zweck der waffenrechtlichen Zuverlässigkeitsprüfung verwendet werden.

§ 6 Persönliche Eignung

(1) Die erforderliche persönliche Eignung besitzen Personen nicht, wenn **Tatsachen** die **Annahme rechtfertigen**, dass sie

1. geschäftsunfähig sind,

2. **abhängig** von Alkohol oder anderen berauschenden Mitteln, **psychisch krank** oder **debil** sind oder

3. auf Grund in der Person liegender Umstände mit Waffen oder Munition **nicht vorsichtig oder sachgemäß** umgehen oder diese Gegenstände **nicht sorgfältig verwahren** können oder dass die **konkrete Gefahr einer Fremd- oder Selbstgefährdung** besteht.

Die erforderliche persönliche Eignung besitzen in der Regel Personen nicht, wenn Tatsachen die Annahme rechtfertigen, dass sie in ihrer Geschäftsfähigkeit beschränkt sind. Die zuständige Behörde holt die Stellungnahme der folgenden Behörden ein, ob dort Erkenntnisse nach den Sätzen 1 und 2 vorliegen:

1. der zuständigen Behörde der Landespolizei oder der zentralen Polizeidienststelle oder des zuständigen Landeskriminalamtes,

2. der Polizeidienststellen der innegehabten Wohnsitze im Inland der betroffenen Person, beschränkt auf die letzten zehn Jahre vor Durchführung der Prüfung der persönlichen Eignung,

3. der in der Rechtsverordnung nach § 58 Absatz 1 des Bundespolizeigesetzes bestimmten Bundespolizeibehörde,

4. des Zollkriminalamtes.

Der persönlichen Eignung können auch im Erziehungsregister eingetragene Entscheidungen oder Anordnungen nach § 60 Abs. 1 Nr. 1 bis 7 des Bundeszentralregistergesetzes entgegenstehen.

(2) Sind **Tatsachen** bekannt, die Bedenken gegen die persönliche Eignung nach Absatz 1 begründen, oder bestehen **begründete Zweifel** an vom Antragsteller beigebrachten Bescheinigungen, so hat die zuständige Behörde der

betroffenen Person **auf Kosten der betroffenen Person** die Vorlage eines amts- oder fachärztlichen oder fachpsychologischen Zeugnisses über die geistige oder körperliche Eignung aufzugeben.

(3) Personen, die **noch nicht das 25. Lebensjahr** vollendet haben, haben für die **erstmalige** Erteilung einer Erlaubnis zum Erwerb und Besitz einer Schusswaffe auf eigene Kosten ein amts- oder fachärztliches oder fachpsychologisches Zeugnis über die geistige Eignung vorzulegen. **Satz 1 gilt nicht für den Erwerb und Besitz von Schusswaffen im Sinne von § 14 Abs. 1 Satz 2.**

(4) Das Bundesministerium des Innern wird ermächtigt, durch Rechtsverordnung mit Zustimmung des Bundesrates Vorschriften über das Verfahren zur Erstellung, über die Vorlage und die Anerkennung der in den Absätzen 2 und 3 genannten Gutachten bei den zuständigen Behörden zu erlassen.

§ 7 Sachkunde

(1) Den **Nachweis der Sachkunde** hat erbracht, wer eine **Prüfung** vor der dafür bestimmten Stelle bestanden hat oder seine Sachkunde durch eine **Tätigkeit oder Ausbildung** nachweist.

(2) Das Bundesministerium des Innern wird ermächtigt, durch Rechtsverordnung mit Zustimmung des Bundesrates Vorschriften über die Anforderungen an die waffentechnischen und waffenrechtlichen Kenntnisse, über die Prüfung und das Prüfungsverfahren einschließlich der Errichtung von Prüfungsausschüssen sowie über den anderweitigen Nachweis der Sachkunde zu erlassen.

§ 8 Bedürfnis, allgemeine Grundsätze

Der **Nachweis** eines Bedürfnisses ist erbracht, wenn gegenüber den Belangen der öffentlichen Sicherheit oder Ordnung

1. **besonders anzuerkennende persönliche oder wirtschaftliche Interessen**, vor allem als Jäger, Sportschütze, Brauchtumsschütze, Waffen- oder Munitionssammler, Waffen- oder Munitionssachverständiger, gefährdete Person, als Waffenhersteller oder –händler oder als Bewachungsunternehmer, und

2. die **Geeignetheit und Erforderlichkeit** der Waffen oder Munition für den beantragten Zweck

glaubhaft gemacht sind.

§ 10 Erteilung von Erlaubnissen zum Erwerb, Besitz, Führen und Schießen

(1) Die **Erlaubnis zum Erwerb und Besitz** von **Waffen** wird durch eine **Waffenbesitzkarte oder** durch **Eintragung** in eine bereits vorhandene Waffenbesitzkarte erteilt. Für die Erteilung einer Erlaubnis für Schusswaffen sind **Art, Anzahl und Kaliber** der Schusswaffen anzugeben. Die Erlaubnis zum Erwerb

einer Waffe gilt für die Dauer eines Jahres, die Erlaubnis zum Besitz wird in der Regel unbefristet erteilt.

(2) Eine Waffenbesitzkarte über Schusswaffen, die **mehrere Personen** besitzen, kann auf diese Personen ausgestellt werden. Eine Waffenbesitzkarte kann auch einem **schießsportlichen Verein** oder **einer jagdlichen Vereinigung als juristischer Person** erteilt werden. Sie ist mit der Auflage zu verbinden, dass der Verein der Behörde vor Inbesitznahme von Vereinswaffen unbeschadet des Vorliegens der Voraussetzung des § 4 Abs. 1 Nr. 5 **eine verantwortliche Person** zu **benennen** hat, für die die Voraussetzungen nach § 4 Abs. 1 Nr. 1 bis 3 nachgewiesen sind; diese benannte Person muss nicht vertretungsberechtigtes Organ des Vereins sein. Scheidet die benannte verantwortliche Person aus dem Verein aus oder liegen in ihrer Person nicht mehr alle Voraussetzungen nach § 4 Abs. 1 Nr. 1 bis 3 vor, so ist der Verein verpflichtet, dies unverzüglich der zuständigen Behörde mitzuteilen. Benennt der Verein nicht innerhalb von zwei Wochen eine neue verantwortliche Person, für die die Voraussetzungen nach § 4 Abs. 1 Nr. 1 bis 3 nachgewiesen werden, so ist die dem Verein erteilte Waffenbesitzerlaubnis zu widerrufen und die Waffenbesitzkarte zurückzugeben.

(3) Die **Erlaubnis zum Erwerb und Besitz** von **Munition** wird durch Eintragung in eine **Waffenbesitzkarte** für die darin **eingetragenen Schusswaffen** erteilt. In den **übrigen Fällen** wird die Erlaubnis durch einen **Munitionserwerbsschein** für eine bestimmte Munitionsart erteilt; sie ist für den Erwerb der Munition auf die Dauer von sechs Jahren zu befristen und gilt für den Besitz der Munition unbefristet. Die Erlaubnis zum nicht gewerblichen Laden von Munition im Sinne des Sprengstoffgesetzes gilt auch als Erlaubnis zum Erwerb und Besitz dieser Munition. Nach Ablauf der Gültigkeit des Erlaubnisdokuments gilt die Erlaubnis für den Besitz dieser Munition für die Dauer von sechs Monaten fort.

(4) Die **Erlaubnis zum Führen** einer Waffe wird durch einen **Waffenschein** erteilt. Eine Erlaubnis nach Satz 1 zum Führen von Schusswaffen wird für bestimmte Schusswaffen auf höchstens drei Jahre erteilt; die Geltungsdauer kann zweimal um höchstens je drei Jahre verlängert werden, sie ist kürzer zu bemessen, wenn nur ein vorübergehendes Bedürfnis nachgewiesen wird. Der Geltungsbereich des Waffenscheins ist auf bestimmte Anlässe oder Gebiete zu beschränken, wenn ein darüber hinausgehendes Bedürfnis nicht nachgewiesen wird. Die Voraussetzungen für die Erteilung einer Erlaubnis zum Führen von Schreckschuss-, Reizstoff- und Signalwaffen sind in der Anlage 2 Abschnitt 2 Unterabschnitt 3 Nr. 2 und 2.1 genannt (Kleiner Waffenschein).

(5) Die Erlaubnis zum Schießen mit einer Schusswaffe wird durch einen Erlaubnisschein erteilt.

§ 12 Ausnahmen von den Erlaubnispflichten

(1) Einer Erlaubnis zum Erwerb und Besitz einer Waffe bedarf nicht, wer diese

1. als Inhaber einer Waffenbesitzkarte von einem Berechtigten

a) lediglich vorübergehend, höchstens aber für einen Monat für einen von seinem Bedürfnis umfassten Zweck oder im Zusammenhang damit, oder

b) vorübergehend zum Zweck der sicheren Verwahrung oder der Beförderung

erwirbt;

2. vorübergehend von einem Berechtigten zur **gewerbsmäßigen** Beförderung, zur **gewerbsmäßigen** Lagerung oder zur **gewerbsmäßigen** Ausführung von Verschönerungen oder ähnlicher Arbeiten an der Waffe erwirbt;

3. von einem oder für einen Berechtigten erwirbt, wenn und solange er

a) auf Grund eines Arbeits- oder Ausbildungsverhältnisses,

b) als **Beauftragter oder Mitglied einer jagdlichen oder schießsportlichen Vereinigung**, einer anderen sportlichen Vereinigung zur Abgabe von Startschüssen oder einer zur Brauchtumspflege Waffen tragenden Vereinigung,

c) als Beauftragter einer in § 55 Abs. 1 Satz 1 bezeichneten Stelle,

d) als Charterer von seegehenden Schiffen zur Abgabe von Seenotsignalen

den Besitz über die Waffe **nur nach den Weisungen des Berechtigten** ausüben darf;

4. von einem anderen,

a) dem er die Waffe vorübergehend überlassen hat, ohne dass es hierfür der Eintragung in die Erlaubnisurkunde bedurfte, oder

b) nach dem Abhandenkommen

wieder erwirbt;

5. auf einer **Schießstätte** (§ 27) **lediglich vorübergehend** zum Schießen auf dieser Schießstätte erwirbt;

6. auf einer Reise in den oder durch den Geltungsbereich des Gesetzes nach § 32 berechtigt mitnimmt.

(2) Einer Erlaubnis zum Erwerb und Besitz von Munition bedarf nicht, wer diese

1. unter den Voraussetzungen des Absatzes 1 Nr. 1 bis 4 erwirbt;

2. unter den Voraussetzungen des Absatzes 1 Nr. 5 zum sofortigen Verbrauch lediglich auf dieser Schießstätte (§ 27) erwirbt;

3. auf einer Reise in den oder durch den Geltungsbereich des Gesetzes nach § 32 berechtigt mitnimmt.

(3) Einer Erlaubnis zum Führen von Waffen bedarf nicht, wer

1. diese mit Zustimmung eines anderen in dessen Wohnung, Geschäftsräumen oder befriedetem Besitztum oder dessen Schießstätte **zu einem von seinem Bedürfnis umfassten Zweck** oder im Zusammenhang damit führt;

2. diese **nicht schussbereit** und **nicht zugriffsbereit** von einem Ort zu einem anderen Ort befördert, sofern der Transport der Waffe **zu einem von seinem Bedürfnis umfassten Zweck** oder im Zusammenhang damit erfolgt;

3. eine Langwaffe nicht schussbereit den Regeln entsprechend als Teilnehmer an genehmigten Sportwettkämpfen auf festgelegten Wegstrecken führt;

4. eine Signalwaffe beim Bergsteigen, als verantwortlicher Führer eines Wasserfahrzeugs auf diesem Fahrzeug oder bei Not- und Rettungsübungen führt;

5. eine Schreckschuss- oder eine Signalwaffe zur Abgabe von Start- oder Beendigungszeichen bei Sportveranstaltungen führt, wenn optische oder akustische Signalgebung erforderlich ist,

6. in Fällen der vorübergehenden Aufbewahrung von Waffen außerhalb der Wohnung diesen ein wesentliches Teil entnimmt und mit sich führt; mehrere mitgeführte wesentliche Teile dürfen nicht zu einer schussfähigen Waffe zusammengefügt werden können.

(4) Einer Erlaubnis zum Schießen mit einer Schusswaffe bedarf nicht, wer auf einer Schießstätte (§ 27) schießt. Das Schießen außerhalb von Schießstätten ist darüber hinaus ohne Schießerlaubnis nur zulässig

1. durch den Inhaber des Hausrechts oder mit dessen Zustimmung im befriedeten Besitztum

a) mit Schusswaffen, deren Geschossen eine Bewegungsenergie von nicht mehr als 7,5 Joule (J) erteilt wird oder deren Bauart nach § 7 des Beschussgesetzes zugelassen ist, sofern die Geschosse das Besitztum nicht verlassen können,

b) mit Schusswaffen, aus denen nur Kartuschenmunition verschossen werden kann,

2. durch Personen, die den Regeln entsprechend als Teilnehmer an genehmigten Sportwettkämpfen nach Absatz 3 Nr. 3 mit einer Langwaffe an Schießständen schießen,

3. mit Schusswaffen, aus denen nur Kartuschenmunition verschossen werden kann,

a) durch Mitwirkende an Theateraufführungen und diesen gleich zu achtenden Vorführungen,

b) zum Vertreiben von Vögeln in landwirtschaftlichen Betrieben,

4. mit Signalwaffen bei Not- und Rettungsübungen,

5. mit Schreckschuss- oder mit Signalwaffen zur Abgabe von Start- oder Beendigungszeichen **im Auftrag der Veranstalter** bei Sportveranstaltungen, wenn optische oder akustische Signalgebung erforderlich ist.

(5) Die zuständige Behörde kann im Einzelfall weitere Ausnahmen von den Erlaubnispflichten zulassen, wenn besondere Gründe vorliegen und Belange der öffentlichen Sicherheit und Ordnung nicht entgegenstehen.

§ 13 Erwerb und Besitz von Schusswaffen und Munition durch Jäger, Führen und Schießen zu Jagdzwecken

(1) Ein Bedürfnis für den Erwerb und Besitz von Schusswaffen und der dafür bestimmten Munition wird bei Personen anerkannt, die Inhaber eines gültigen Jagdscheines im Sinne von § 15 Abs. 1 Satz 1 des Bundesjagdgesetzes sind (Jäger), wenn

1. **glaubhaft gemacht wird**, dass sie die Schusswaffen und die Munition zur Jagdausübung oder zum Training im jagdlichen Schießen einschließlich jagdlicher Schießwettkämpfe **benötigen**, und

2. die zu erwerbende Schusswaffe und Munition nach dem Bundesjagdgesetz in der zum Zeitpunkt des Erwerbs geltenden Fassung **nicht verboten** ist (Jagdwaffen und -munition).

(2) **Für Jäger gilt § 6 Abs. 3 Satz 1 nicht**. Bei Jägern, die Inhaber eines Jahresjagdscheines im Sinne von § 15 Abs. 2 in Verbindung mit Abs. 1 Satz 1 des Bundesjagdgesetzes sind, erfolgt keine Prüfung der Voraussetzungen des Absatzes 1 Nr. 1 sowie des § 4 Abs. 1 Nr. 4 für den Erwerb und Besitz von Langwaffen und zwei Kurzwaffen, sofern die Voraussetzungen des Absatzes 1 Nr. 2 vorliegen.

(3) Inhaber eines gültigen Jahresjagdscheines im Sinne des § 15 Abs. 2 in Verbindung mit Abs. 1 Satz 1 des Bundesjagdgesetzes bedürfen zum Erwerb von Langwaffen nach Absatz 1 Nr. 2 keiner Erlaubnis.

Der Jagdscheininhaber nach Satz 1 hat binnen zwei Wochen nach Erwerb einer Langwaffe bei der zuständigen Behörde die Ausstellung einer Waffenbesitzkarte zu beantragen.

(4) Für den Erwerb und vorübergehenden Besitz gemäß § 12 Abs. 1 Nr. 1 von Langwaffen nach Absatz 1 Nr. 2 steht ein Jagdschein im Sinne von § 15 Abs. 1 Satz 1 des Bundesjagdgesetzes einer Waffenbesitzkarte gleich.

(5) **Jäger bedürfen** für den **Erwerb und Besitz von Munition für Langwaffen** nach Absatz 1 Nr. 2 **keine**r **Erlaubnis**, sofern sie nicht nach dem Bundesjagdgesetz in der jeweiligen Fassung verboten ist.

(6) Ein **Jäger darf Jagdwaffen** zur befugten Jagdausübung einschließlich des Ein- und Anschießens im Revier, zur Ausbildung von Jagdhunden im Revier, zum Jagdschutz oder zum Forstschutz **ohne Erlaubnis führen** und mit ihnen schießen; er darf **auch im Zusammenhang mit diesen Tätigkeiten** die Jagdwaffen **nicht schussbereit ohne Erlaubnis führen**. Der befugten Jagdausübung gleichgestellt ist der Abschuss von Tieren, die dem Naturschutzrecht unterliegen, wenn die naturschutzrechtliche Ausnahme oder Befreiung die Tötung durch einen Jagdscheininhaber vorsieht.

(7) Inhabern eines Jugendjagdscheines im Sinne von § 16 des Bundesjagdgesetzes wird eine Erlaubnis zum Erwerb und Besitz von Schusswaffen und der dafür bestimmten Munition nicht erteilt. Sie dürfen Schusswaffen und die dafür bestimmte Munition nur für die Dauer der Ausübung der Jagd oder des Trainings im jagdlichen Schießen einschließlich jagdlicher Schießwettkämpfe ohne Erlaubnis erwerben, besitzen, die Schusswaffen führen und damit schießen; sie dürfen auch im Zusammenhang mit diesen Tätigkeiten die Jagdwaffen nicht schussbereit ohne Erlaubnis führen.

(8) **Personen in der Ausbildung zum Jäger** dürfen nicht schussbereite Jagdwaffen in der Ausbildung ohne Erlaubnis unter Aufsicht eines Ausbilders erwerben, besitzen und führen, wenn sie **das 14. Lebensjahr vollendet** haben und der Sorgeberechtigte und der Ausbildungsleiter ihr Einverständnis in einer schriftlichen oder elektronischen Berechtigungsbescheinigung erklärt haben. Die Person hat in der Ausbildung die Berechtigungsbescheinigung mit sich zu führen.

(9) Auf **Schalldämpfer** finden die Absätze 1 bis 4 und 6 bis 8 entsprechende Anwendung. Die Schalldämpfer gemäß Satz 1 dürfen ausschließlich mit für die Jagd zugelassenen **Langwaffen für Munition mit Zentralfeuerzündung** im Rahmen der Jagd und des jagdlichen Übungsschießens verwendet werden.

§ 14 Erwerb und Besitz von Schusswaffen und Munition durch Sportschützen

(1) Die **Erlaubnis zum Erwerb und Besitz von Schusswaffen und Munition** zum Zweck des sportlichen Schießens wird abweichend von § 4 Abs. 1 Nr. 1 **nur erteilt**, wenn der Antragsteller das **21. Lebensjahr** vollendet hat. Satz 1 **gilt nicht** für den Erwerb und Besitz von Schusswaffen bis zu einem Kaliber

von 5,6 mm lfB (.22 l.r.) für Munition mit Randfeuerzündung, wenn die Mündungsenergie der Geschosse höchstens 200 Joule (J) beträgt, und Einzellader-Langwaffen mit glatten Läufen mit Kaliber 12 oder kleiner, sofern das sportliche Schießen mit solchen Waffen durch die genehmigte Sportordnung eines Schießsportverbandes zugelassen ist.

(2) Ein **Bedürfnis** für den Erwerb und Besitz von Schusswaffen und der dafür bestimmten Munition wird bei **Mitgliedern eines Schießsportvereins** anerkannt, der einem nach § 15 Abs. 1 **anerkannten Schießsportverband** angehört.

(3) Für das **Bedürfnis zum Erwerb** von Schusswaffen und der dafür bestimmten Munition ist durch eine Bescheinigung des Schießsportverbandes oder eines ihm angegliederten Teilverbandes glaubhaft zu machen, dass

1. das Mitglied **seit mindestens zwölf Monaten** den Schießsport **in einem Verein** mit **erlaubnispflichtigen Schusswaffen** betreibt,

2. das Mitglied den Schießsport in einem Verein **innerhalb der vergangenen zwölf Monate** mindestens

a) **einmal in jedem ganzen Monat** dieses Zeitraums ausgeübt hat, oder

b) **18 Mal insgesamt innerhalb dieses Zeitraums** ausgeübt hat, und

3. die zu erwerbende Waffe für eine **Sportdisziplin** nach der Sportordnung des Schießsportverbandes **zugelassen** und **erforderlich** ist. **Innerhalb von sechs Monaten** dürfen in der Regel **nicht mehr als zwei Schusswaffen** erworben werden.

(4) Für das **Bedürfnis zum Besitz** von Schusswaffen und der dafür bestimmten Munition ist durch eine Bescheinigung des Schießsportverbandes oder eines ihm angegliederten Teilverbandes glaubhaft zu machen, dass das Mitglied **in den letzten 24 Monaten vor Prüfung des Bedürfnisses** den Schießsport in einem Verein **mit einer eigenen erlaubnispflichtigen Waffe**

1. mindestens **einmal alle drei Monate** in diesem Zeitraum betrieben hat oder

2. mindestens **sechsmal innerhalb eines abgeschlossenen Zeitraums von jeweils zwölf Monaten** betrieben hat.

Besitzt das Mitglied sowohl Lang- als auch Kurzwaffen, so ist der Nachweis nach Satz 1 für **Waffen beider Kategorien** zu erbringen. Sind **seit der ersten Eintragung** einer Schusswaffe in die Waffenbesitzkarte oder der erstmaligen Ausstellung einer Munitionserwerbserlaubnis **zehn Jahre** vergangen, genügt für das Fortbestehen des Bedürfnisses des Sportschützen die **Mitgliedschaft in einem Schießsportverein** nach Absatz 2; die Mitgliedschaft ist im Rahmen der Folgeprüfungen nach § 4 Absatz 4 durch eine Bescheinigung des Schießsportvereins nachzuweisen.

(5) Ein Bedürfnis von Sportschützen nach Absatz 2 für den Erwerb und Besitz von mehr als **drei halbautomatischen Langwaffen** und mehr als **zwei mehrschüssigen Kurzwaffen für Patronenmunition** sowie der hierfür erforderlichen Munition wird unter Beachtung des Absatzes 2 durch Vorlage einer Bescheinigung des Schießsportverbandes des Antragstellers glaubhaft gemacht, wonach die weitere Waffe

1. von ihm zur Ausübung weiterer Sportdisziplinen benötigt wird oder

2. zur Ausübung des Wettkampfsports erforderlich ist

und der Antragsteller **regelmäßig** an Schießsportwettkämpfen teilgenommen hat.

(6) Sportschützen, die dem Schießsport in einem Schießsportverband nach § 15 Abs. 1 als gemeldetes Mitglied nachgehen, wird abweichend von § 10 Abs. 1 Satz 3 unter Beachtung des Absatzes 3 Satz 1 Nr. 1 und 2 und Satz 2 eine unbefristete Erlaubnis erteilt, die zum **Erwerb von insgesamt bis zu zehn** Einzellader-Langwaffen mit glatten und gezogenen Läufen, Repetier-Langwaffen mit gezogenen Läufen sowie von einläufigen Einzellader-Kurzwaffen für Patronenmunition und von mehrschüssigen Kurz- und Langwaffen mit Zündhütchenzündung (Perkussionswaffen) berechtigt.

§ 15 Schießsportverbände, schießsportliche Vereine

(1) Als Schießsportverband im Sinne dieses Gesetzes wird ein überörtlicher Zusammenschluss schießsportlicher Vereine anerkannt, der

1. wenigstens in jedem Land, in dem seine Sportschützen ansässig sind, in schießsportlichen Vereinen organisiert ist,

2. mindestens 10.000 Sportschützen, die mit Schusswaffen schießen, als Mitglieder insgesamt in seinen Vereinen hat,

3. den Schießsport als Breitensport und Leistungssport betreibt,

4.

a) auf eine sachgerechte Ausbildung in den schießsportlichen Vereinen

und

b) zur Förderung des Nachwuchses auf die Durchführung eines altersgerechten Schießsports für Kinder oder Jugendliche in diesen Vereinen

hinwirkt,

5. regelmäßig überregionale Wettbewerbe organisiert oder daran teilnimmt,

6. den sportlichen Betrieb in den Vereinen auf der Grundlage einer genehmigten Schießsportordnung organisiert und

7. im Rahmen eines festgelegten Verfahrens die ihm angehörenden schießsportlichen Vereine verpflichtet und regelmäßig darauf überprüft, dass diese

a) die ihnen nach diesem Gesetz oder auf Grund dieses Gesetzes obliegenden Pflichten erfüllen,

b) einen Nachweis über die Häufigkeit der schießsportlichen Aktivitäten jedes ihrer Mitglieder während der ersten drei Jahre, nachdem diesem erstmalig eine Waffenbesitzkarte als Sportschütze erteilt wurde, führen

und

c) über eigene Schießstätten für die nach der Schießsportordnung betriebenen Disziplinen verfügen oder geregelte Nutzungsmöglichkeiten für derartige Schießstätten nachweisen.

(2) Von den Voraussetzungen des Absatzes 1 Nr. 1, 2 oder 4 Buchstabe b kann abgewichen werden, wenn die besondere Eigenart des Verbandes dies erfordert, öffentliche Interessen nicht entgegenstehen und der Verband die Gewähr dafür bietet, die sonstigen Anforderungen nach Absatz 1 an die geordnete Ausübung des Schießsports zu erfüllen. Ein Abweichen von dem Erfordernis nach Absatz 1 Nr. 2 ist unter Beachtung des Satzes 1 nur bei Verbänden zulässig, die mindestens 2.000 Sportschützen, die mit Schusswaffen schießen, als Mitglieder in ihren Vereinen haben.

(3) Die Anerkennung nach Absatz 1 erfolgt durch das Bundesverwaltungsamt im Benehmen mit den nach § 48 Abs. 1 zuständigen Behörden des Landes, in dem der Schießsportverband seinen Sitz hat, und, soweit nicht der Schießsportverband nur auf dem Gebiet dieses Landes tätig ist, im Benehmen mit den nach § 48 Abs. 1 zuständigen Behörden der übrigen Länder.

(4) Die zuständige Behörde hat das Recht, jederzeit den Nachweis über das Vorliegen der Voraussetzungen für die Anerkennung zu verlangen. Die Anerkennung kann zurückgenommen werden, wenn die Voraussetzungen nach Absatz 1 für ihre Erteilung nicht vorgelegen haben; sie ist zurückzunehmen, wenn die Voraussetzungen weiterhin nicht vorliegen. Die Anerkennung ist zu widerrufen, wenn eine der Voraussetzungen für ihre Erteilung nachträglich entfallen ist. Anerkennung, Rücknahme und Widerruf sind im Bundesanzeiger zu veröffentlichen. Vom Zeitpunkt der Unanfechtbarkeit der Aufhebung der Anerkennung an sind die Bescheinigungen des betreffenden Verbandes nach § 14 Abs. 3, 4 und 5 nicht mehr als geeignete Mittel zur Glaubhaftmachung anzuerkennen. Sofern der Grund für die Aufhebung der Anerkennung Zweifel

an der inhaltlichen Richtigkeit von Bescheinigungen aufkommen lässt, können die Behörden bereits ab der Einleitung der Anhörung von der Anerkennung der Bescheinigungen absehen. Die Anerkennungsbehörde unterrichtet die nach Absatz 3 an der Anerkennung beteiligten Stellen von der Einleitung und dem Abschluss des Verfahrens zur Aufhebung der Anerkennung.

(5) Der schießsportliche Verein ist verpflichtet, der zuständigen Behörde Sportschützen, die Inhaber einer Waffenbesitzkarte sind und die aus ihrem Verein ausgeschieden sind, unverzüglich zu benennen.

§ 16 Erwerb und Besitz von Schusswaffen und Munition durch Brauchtumsschützen, Führen von Waffen und Schießen zur Brauchtumspflege

(1) Ein Bedürfnis für den Erwerb und Besitz von **Einzellader-Langwaffen** und **bis zu drei Repetier-Langwaffen** sowie der dafür bestimmten Munition wird bei Mitgliedern einer zur Brauchtumspflege Waffen tragenden Vereinigung (Brauchtumsschützen) anerkannt, wenn sie durch eine Bescheinigung der Brauchtumsschützenvereinigung glaubhaft machen, dass sie diese Waffen zur Pflege des Brauchtums benötigen.

(2) Für Veranstaltungen, bei denen es Brauch ist, aus besonderem Anlass Waffen zu tragen, kann für die Dauer von fünf Jahren die **Ausnahmebewilligung zum Führen** von in Absatz 1 Satz 1 genannten Schusswaffen sowie von sonstigen zur Brauchtumspflege benötigten Waffen im Sinne des § 1 Abs. 2 Nr. 2 einem **verantwortlichen Leiter der Brauchtumsschützenvereinigung** unter den Voraussetzungen des § 42 Abs. 2 erteilt werden, wenn gewährleistet ist, dass die erforderliche Sorgfalt beachtet wird.

(3) Die **Erlaubnis zum Schießen** mit den in Absatz 1 Satz 1 genannten Schusswaffen außerhalb von Schießstätten mit Kartuschenmunition bei Veranstaltungen nach Absatz 2 kann für die Dauer von fünf Jahren einem **verantwortlichen Leiter der Brauchtumsschützenvereinigung** erteilt werden. Sie ist zu versagen, wenn

1. in dessen Person eine Voraussetzung nach § 4 Abs. 1 Nr. 1 bis 4 nicht vorliegt,

2. die Beachtung der erforderlichen Sorgfalt nicht gewährleistet ist,

3. Gefahren oder erhebliche Nachteile für Einzelne oder die Allgemeinheit zu befürchten sind und nicht durch Auflagen verhindert werden können oder

4. kein **Haftpflichtversicherungsschutz** gemäß § 4 Abs. 1 Nr. 5 nachgewiesen ist.

Die Erlaubnis nach Satz 1 kann mit der Ausnahmebewilligung nach Absatz 2 verbunden werden.

(4) Brauchtumsschützen dürfen in den Fällen der Absätze 2 und 3 oder bei Vorliegen einer Ausnahmebewilligung nach § 42 Abs. 2 die **Schusswaffen ohne Erlaubnis führen und damit schießen**. Sie dürfen die zur Pflege des Brauchtums benötigten Schusswaffen auch **im Zusammenhang mit Veranstaltungen**, bei denen es **Brauch** ist, aus besonderem Anlass Waffen zu tragen, für die eine **Erlaubnis nach Absatz 2 oder nach § 42 Abs. 2** erteilt wurde, **ohne Erlaubnis führen**.

§ 17 Erwerb und Besitz von Schusswaffen oder Munition durch Waffen- oder Munitionssammler

(1) Ein Bedürfnis zum Erwerb und Besitz von Schusswaffen oder Munition wird bei Personen anerkannt, die glaubhaft machen, dass sie Schusswaffen oder Munition für eine **kulturhistorisch bedeutsame** Sammlung (Waffensammler, Munitionssammler) benötigen; kulturhistorisch bedeutsam ist auch eine wissenschaftlich-technische Sammlung.

(2) Die **Erlaubnis zum Erwerb** von Schusswaffen oder Munition wird in der Regel **unbefristet** erteilt. Sie kann mit der Auflage verbunden werden, der Behörde in bestimmten Zeitabständen eine Aufstellung über den Bestand an Schusswaffen vorzulegen.

(3) Die Erlaubnis zum Erwerb und Besitz von Schusswaffen oder Munition wird **auch einem Erben, Vermächtnisnehmer oder durch Auflage Begünstigten** (Erwerber infolge eines Erbfalls) erteilt, der eine **vorhandene Sammlung** des Erblassers im Sinne des Absatzes 1 **fortführt**.

§ 18 Erwerb und Besitz von Schusswaffen oder Munition durch Waffen- oder Munitionssachverständige

(1) Ein Bedürfnis zum Erwerb und Besitz von Schusswaffen oder Munition wird bei Personen anerkannt, die glaubhaft machen, dass sie Schusswaffen oder Munition für wissenschaftliche oder technische Zwecke, zur Erprobung, Begutachtung, Untersuchung oder zu einem ähnlichen Zweck (Waffen-, Munitionssachverständige) benötigen.

(2) Die **Erlaubnis zum Erwerb** von Schusswaffen oder Munition wird in der Regel

1. **für Schusswaffen oder Munition jeder Art** und

2. unbefristet

erteilt. Sie kann mit der Auflage verbunden werden, der Behörde in bestimmten Zeitabständen eine Aufstellung über den Bestand an Schusswaffen vorzulegen.

§ 19 Erwerb und Besitz von Schusswaffen und Munition, Führen von Schusswaffen durch gefährdete Personen

(1) Ein Bedürfnis zum Erwerb und Besitz einer Schusswaffe und der dafür bestimmten Munition wird bei einer Person anerkannt, die glaubhaft macht,

1. **wesentlich mehr als die Allgemeinheit** durch Angriffe auf Leib oder Leben **gefährdet** zu sein und

2. dass der Erwerb der Schusswaffe und der Munition **geeignet und erforderlich** ist, diese Gefährdung zu mindern.

(2) Ein Bedürfnis zum Führen einer Schusswaffe wird anerkannt, wenn glaubhaft gemacht ist, dass die Voraussetzungen nach Absatz 1 auch außerhalb der eigenen Wohnung, Geschäftsräume oder des eigenen befriedeten Besitztums vorliegen.

§ 20 Erwerb und Besitz von Schusswaffen durch Erwerber infolge Erbfalls

(1) Der Erbe hat binnen eines Monats nach der Annahme der Erbschaft oder dem Ablauf der für die Ausschlagung der Erbschaft vorgeschriebenen Frist die Ausstellung einer Waffenbesitzkarte für die zum Nachlass gehörenden erlaubnispflichtigen Schusswaffen oder ihre Eintragung in eine bereits ausgestellte Waffenbesitzkarte zu beantragen; für den Vermächtnisnehmer oder durch Auflage Begünstigten beginnt diese Frist mit dem Erwerb der Schusswaffen.

(2) Dem Erwerber infolge eines Erbfalls ist die gemäß Absatz 1 beantragte Erlaubnis abweichend von § 4 Abs. 1 zu erteilen, wenn der **Erblasser berechtigter Besitzer** war und der Antragsteller **zuverlässig** und **persönlich geeignet** ist.

(3) Für erlaubnispflichtige Schusswaffen und erlaubnispflichtige Munition, für die der Erwerber infolge eines Erbfalles ein Bedürfnis nach § 8 oder §§ 13 ff. geltend machen kann, sind die Vorschriften des § 4 Abs. 1 Nr. 1 bis 3 und des § 8 und der §§ 13 bis 18 anzuwenden. **Kann kein Bedürfnis geltend gemacht werden, sind Schusswaffen durch ein dem Stand der Technik entsprechendes Blockiersystem zu sichern und ist erlaubnispflichtige Munition binnen angemessener Frist unbrauchbar zu machen oder einem Berechtigten zu überlassen.** Einer Sicherung durch ein Blockiersystem bedarf es nicht, wenn der Erwerber der Erbwaffe bereits auf Grund eines Bedürfnisses nach § 8 oder §§ 13 ff. berechtigter Besitzer einer erlaubnispflichtigen Schusswaffe ist. Für den Transport der Schusswaffe im Zusammenhang mit dem Einbau des Blockiersystems gilt § 12 Abs. 3 Nr. 2 entsprechend.

(4) Das Bundesministerium des Innern erstellt nach Anhörung eines Kreises von Vertretern der Wissenschaft, der betroffenen Personen, der beteiligten Wirtschaft und der für das Waffenrecht zuständigen obersten Landesbehörden

dem Stand der Sicherheitstechnik entsprechende Regeln (Technische Richtlinie – Blockiersysteme für Erbwaffen) für ein Blockiersystem nach Absatz 3 Satz 2 sowie für dessen Zulassungsverfahren und veröffentlicht diese im Bundesanzeiger. Die Prüfung der Konformität und die Zulassung neu entwickelter Blockiersysteme gemäß der Technischen Richtlinie erfolgt durch die Physikalisch-Technische Bundesanstalt.

(5) Der Einbau und die Entsperrung von Blockiersystemen dürfen nur durch hierin eingewiesene Inhaber einer Waffenherstellungserlaubnis oder einer Waffenhandelserlaubnis nach § 21 Abs. 1 oder durch deren hierzu bevollmächtigten Mitarbeiter erfolgen. Die vorübergehende Entsperrung aus besonderem Anlass ist möglich.

(6) Die Waffenbehörde hat auf Antrag Ausnahmen von der Verpflichtung, alle Erbwaffen mit einem dem Stand der Sicherheitstechnik entsprechenden Blockiersystem zu sichern, zuzulassen, wenn oder so lange für eine oder mehrere Erbwaffen ein entsprechendes Blockiersystem noch nicht vorhanden ist. Eine Ausnahme kann auch für Erbwaffen erteilt werden, die Bestandteil einer kulturhistorisch bedeutsamen Sammlung gemäß § 17 sind oder werden sollen.

§ 27 Schießstätten, Schießen durch Minderjährige auf Schießstätten

(1) Wer

1. eine ortsfeste Anlage oder

2. eine ortsveränderliche Anlage,

die ausschließlich oder neben anderen Zwecken dem Schießsport oder sonstigen Schießsportübungen mit Schusswaffen, der Erprobung von Schusswaffen oder dem Schießen mit Schusswaffen zur Belustigung dient (Schießstätte), betreiben oder in ihrer Beschaffenheit oder in der Art ihrer Benutzung wesentlich ändern will, bedarf der Erlaubnis der zuständigen Behörde.

Die Erlaubnis darf nur erteilt werden, wenn der Antragsteller die erforderliche Zuverlässigkeit (§ 5) und persönliche Eignung (§ 6) besitzt und eine Versicherung gegen Haftpflicht für aus dem Betrieb der Schießstätte resultierende Schädigungen in Höhe von mindestens 1 Million Euro – pauschal für Personen- und Sachschäden – sowie gegen Unfall für aus dem Betrieb der Schießstätte resultierende Schädigungen von bei der Organisation des Schießbetriebs mitwirkenden Personen in Höhe von mindestens 10.000 Euro für den Todesfall und 100.000 Euro für den Invaliditätsfall bei einem im Geltungsbereich dieses Gesetzes zum Geschäftsbetrieb befugten Versicherungsunternehmen nachweist. § 10 Abs. 2 Satz 2 bis 5 gilt entsprechend. Abweichend von Satz 2 richtet sich die Haftpflichtversicherung für Schießgeschäfte, die der Schaustellerhaftpflichtverordnung unterliegen, nach § 1 Abs. 2 Nr. 2 dieser Verordnung. Bei ortsveränderlichen Schießstätten ist eine einmalige Erlaubnis vor der erstmaligen Aufstellung ausreichend. Der Inhaber einer Erlaubnis nach Satz 5 hat Aufnahme und Beendigung des Betriebs der Schießstätte der örtlich zuständigen Behörde zwei Wochen vorher schriftlich oder elektronisch anzuzeigen.

(2) Absatz 1 Satz 1 ist nicht anzuwenden auf Schießstätten, bei denen in geschlossenen Räumen ausschließlich zur Erprobung von Schusswaffen oder Munition durch Waffen oder Munitionshersteller, durch Waffen- oder Munitionssachverständige oder durch wissenschaftliche Einrichtungen geschossen wird. Der Betreiber hat die Aufnahme und Beendigung des Betriebs der Schießstätte der zuständigen Behörde zwei Wochen vorher schriftlich oder elektronisch anzuzeigen.

(3) Unter Obhut des zur Aufsichtsführung berechtigten Sorgeberechtigten oder verantwortlicher und zur Kinder- und Jugendarbeit für das Schießen geeigneter Aufsichtspersonen darf

1. **Kindern**, die das zwölfte Lebensjahr vollendet haben und noch nicht 14 Jahre alt sind, das Schießen in Schießstätten mit Druckluft-, Federdruckwaffen und Waffen, bei denen zum Antrieb der Geschosse kalte Treibgase verwendet werden (Anlage 2 Abschnitt 2 Unterabschnitt 2 Nr. 1.1 und 1.2),

2. **Jugendlichen**, die das 14. Lebensjahr vollendet haben und noch nicht **18** Jahre alt sind, auch das Schießen mit sonstigen Schusswaffen bis zu einem Kaliber von 5,6 mm lfB (.22 l.r.) für Munition mit Randfeuerzündung, wenn die Mündungsenergie höchstens 200 Joule (J) beträgt und Einzellader-Langwaffen mit glatten Läufen mit Kaliber 12 oder kleiner

gestattet werden, wenn der **Sorgeberechtigte schriftlich oder elektronisch sein Einverständnis erklärt** hat oder beim Schießen **anwesend** ist. Die verantwortlichen Aufsichtspersonen haben die schriftlichen Einverständniserklärungen der Sorgeberechtigten vor der Aufnahme des Schießens entgegenzunehmen und während des Schießens aufzubewahren. Sie sind der zuständigen Behörde oder deren Beauftragten auf Verlangen zur Prüfung auszuhändigen. Die verantwortliche Aufsichtsperson hat die Geeignetheit zur Kinder- und Jugendarbeit glaubhaft zu machen. Der in Satz 1 genannten besonderen Obhut bedarf es nicht beim Schießen durch Jugendliche mit Waffen nach Anlage 2 Abschnitt 2 Unterabschnitt 2 Nr. 1.1 und 1.2 und nicht beim Schießen mit sonstigen Schusswaffen durch Jugendliche, die das 16. Lebensjahr vollendet haben.

(4) Die zuständige Behörde kann einem Kind zur Förderung des Leistungssports eine Ausnahme von dem Mindestalter des Absatzes 3 Satz 1 bewilligen. Diese soll bewilligt werden, wenn durch eine ärztliche Bescheinigung die geistige und körperliche Eignung und durch eine Bescheinigung des Vereins die schießsportliche Begabung glaubhaft gemacht sind.

(5) Personen in der **Ausbildung zum Jäger** dürfen in der Ausbildung **ohne Erlaubnis** mit Jagdwaffen **schießen**, wenn sie das 14. Lebensjahr vollendet haben und der Sorgeberechtigte und der Ausbildungsleiter ihr Einverständnis in einer schriftlichen oder elektronischen Berechtigungsbescheinigung erklärt haben. Die Person hat in der Ausbildung die Berechtigungsbescheinigung mit sich zu führen.

(6) An ortsveränderlichen Schießstätten, die dem Schießen zur Belustigung dienen, darf von einer verantwortlichen Aufsichtsperson Minderjährigen das Schießen mit Druckluft-, Federdruckwaffen und Waffen, bei denen zum Antrieb der Geschosse kalte Treibgase verwendet werden (Anlage 2 Abschnitt 2 Unterabschnitt 2 Nr. 1.1 und 1.2), gestattet werden. Bei Kindern hat der Betreiber sicherzustellen, dass die verantwortliche Aufsichtsperson in jedem Fall nur einen Schützen bedient.

(7) **Das kampfmäßige Schießen auf Schießstätten ist nicht zulässig.** Das Bundesministerium des Innern wird ermächtigt, durch Rechtsverordnung mit Zustimmung des Bundesrates zur Abwehr von Gefahren für die öffentliche Sicherheit oder Ordnung sowie von sonstigen Gefahren oder erheblichen Nachteilen für die Benutzer einer Schießstätte, die Bewohner des Grundstücks, die Nachbarschaft oder die Allgemeinheit

1. die Benutzung von Schießstätten einschließlich der Aufsicht über das Schießen und der Anforderungen an das Aufsichtspersonal und dessen besondere Ausbildung für die Kinder- und Jugendarbeit zu regeln,

2. Vorschriften über den Umfang der Verpflichtungen zu erlassen, die bei Lehrgängen zur Ausbildung in der Verteidigung mit Schusswaffen und bei Schießübungen dieser Art einzuhalten sind; darin kann bestimmt werden,

a) dass die Durchführung dieser Veranstaltungen einer Anzeige bedarf,

b) dass und in welcher Weise der Veranstalter die Einstellung und das Ausscheiden der verantwortlichen Aufsichtsperson und der Ausbilder anzuzeigen hat,

c) dass nur Personen an den Veranstaltungen teilnehmen dürfen, die aus Gründen persönlicher Gefährdung, aus dienstlichen oder beruflichen Gründen zum Besitz oder zum Führen von Schusswaffen einer Erlaubnis bedürfen,

d) dass und in welcher Weise der Veranstalter Aufzeichnungen zu führen, aufzubewahren und der zuständigen Behörde vorzulegen hat,

e) dass die zuständige Behörde die Veranstaltungen untersagen darf, wenn der Veranstalter, die verantwortliche Aufsichtsperson oder ein Ausbilder die erforderliche Zuverlässigkeit, die persönliche Eignung oder Sachkunde nicht oder nicht mehr besitzt,

3. Vorschriften über die sicherheitstechnische Prüfung von Schießstätten zu erlassen.

§ 28 Erwerb, Besitz und Führen von Schusswaffen und Munition durch Bewachungsunternehmer und ihr Bewachungspersonal

(1) Ein Bedürfnis zum Erwerb, Besitz und Führen von Schusswaffen wird bei einem Bewachungsunternehmer (§ 34a der Gewerbeordnung) anerkannt, wenn er **glaubhaft** macht, dass **Bewachungsaufträge wahrgenommen werden** oder werden sollen, die aus Gründen der Sicherung einer gefährdeten Person im Sinne des § 19 oder eines gefährdeten Objektes **Schusswaffen erfordern**. Satz 1 gilt entsprechend für Wachdienste als Teil wirtschaftlicher Unternehmungen. Ein nach den Sätzen 1 und 2 glaubhaft gemachtes Bedürfnis umfasst auch den Erwerb und Besitz der für die dort genannten Schusswaffen bestimmten Munition.

(2) Die Schusswaffe darf nur bei der tatsächlichen Durchführung eines konkreten Auftrages nach Absatz 1 geführt werden. Der Unternehmer hat dies auch bei seinem Bewachungspersonal in geeigneter Weise sicherzustellen.

(3) Wachpersonen, die auf Grund eines Arbeitsverhältnisses Schusswaffen des Erlaubnisinhabers nach dessen Weisung besitzen oder führen sollen, sind der zuständigen Behörde zur Prüfung zu benennen; der Unternehmer soll die betreffende Wachperson in geeigneter Weise vorher über die Benennung unter Hinweis auf die Erforderlichkeit der Verarbeitung personenbezogener Daten bei der Behörde unterrichten. Die Überlassung von Schusswaffen oder Munition darf erst erfolgen, wenn die zuständige Behörde zugestimmt hat. Die Zustimmung ist zu versagen, wenn die Wachperson nicht die Voraussetzungen des § 4 Abs. 1 Nr. 1 bis 3 erfüllt oder die Haftpflichtversicherung des Bewachungsunternehmers das Risiko des Umgangs mit Schusswaffen durch die Wachpersonen nicht umfasst.

(4) In einen Waffenschein nach § 10 Abs. 4 kann auch der Zusatz aufgenommen werden, dass die in Absatz 3 bezeichneten Personen die ihnen überlassenen Waffen nach Weisung des Erlaubnisinhabers führen dürfen.

§ 28a Erwerb, Besitz und Führen von Schusswaffen und Munition durch Bewachungsunternehmen und ihr Bewachungspersonal für Bewachungsaufgaben nach § 31 Absatz 1 der Gewerbeordnung

(1) Für den Erwerb, Besitz und das Führen von Schusswaffen und Munition durch Bewachungsunternehmen und ihr Bewachungspersonal für Bewachungsaufgaben nach § 31 Absatz 1 der Gewerbeordnung auf Seeschiffen, die die Bundesflagge führen, ist § 28 entsprechend anzuwenden. Abweichend von § 28 Absatz 1 wird ein Bedürfnis für derartige Bewachungsaufgaben bei Bewachungsunternehmen anerkannt, die eine Zulassung nach § 31 Absatz 1

der Gewerbeordnung besitzen. Abweichend von § 28 Absatz 3 wird die Erlaubnis mit Auflagen erteilt, die die Unternehmer verpflichten,

1. als Bewachungspersonal nur Personen zu beschäftigen, welche die Voraussetzungen nach § 4 Absatz 1 Nummer 1 bis 3 erfüllen,

2. der zuständigen Behörde die eingesetzten Personen in einem von der Behörde bestimmten Zeitraum zu benennen und

3. auf Verlangen der zuständigen Behörde Nachweise vorzulegen, die belegen, dass die eingesetzten Personen die Anforderungen nach § 4 Absatz 1 Nummer 1 bis 3 erfüllen.

(2) Die Erlaubnis ist auf die Dauer der Zulassung nach § 31 der Gewerbeordnung zu befristen. Sie kann verlängert werden. Die Verlängerung der Erlaubnis ist insbesondere zu versagen, wenn die Auflagen nach Absatz 1 Satz 3 nicht eingehalten wurden. Im Übrigen gelten die allgemeinen Bestimmungen dieses Gesetzes. Die Erlaubnis schließt die Erlaubnis zum Verbringen in den Geltungsbereich dieses Gesetzes an Bord des Seeschiffs nach § 29 Absatz 1 ein.

(3) Die zuständige Behörde kann zur Prüfung der Zuverlässigkeit, Eignung und Sachkunde der im Bewachungsunternehmen verantwortlichen Geschäftsleitung sowie der mit der Leitung des Betriebes oder einer Zweigniederlassung beauftragten Personen und der im Zusammenhang mit der Bewachungsaufgabe tätigen Personen auf die Erkenntnisse und Bewertungen der für die Zulassung nach § 31 Absatz 2 Satz 1 der Gewerbeordnung zuständigen Behörde zurückgreifen. Abweichend von § 7 Absatz 2 orientieren sich die Anforderungen an die Sachkunde an den auf der Grundlage von § 31 Absatz 4 Satz 1 Nummer 3 Buchstabe a der Gewerbeordnung in einer Rechtsverordnung festgelegten besonderen Anforderungen für den Einsatz auf Seeschiffen. Die für das gewerberechtliche Verfahren zuständige Behörde sowie die Bundespolizei dürfen der zuständigen Behörde auch ohne Ersuchen Informationen einschließlich personenbezogener Daten übermitteln, soweit dies zur Erfüllung der waffenbehördlichen Aufgaben erforderlich ist. Die Bundespolizei ist im Rahmen der Prüfung nach § 8 Nummer 2 zu beteiligen.

(4) Absatz 3 Satz 3 ist entsprechend anzuwenden auf die Übermittlung von Informationen einschließlich personenbezogener Daten durch die zuständige Behörde, soweit dies zur Erfüllung der Aufgaben nach § 31 Absatz 2 der Gewerbeordnung erforderlich ist.

(5) Hat das Bewachungsunternehmen seinen Sitz im Inland, so erfolgt die Erteilung der Erlaubnis durch die nach § 48 Absatz 1 Satz 2 bestimmte Behörde im Benehmen mit der für die gewerbliche Hauptniederlassung zuständigen Behörde.

(6) Eine auf der Grundlage des § 28 erteilte Erlaubnis gilt befristet bis zum 31. Dezember 2013 für Aufträge nach § 31 der Gewerbeordnung mit der Maßgabe fort, dass der Inhaber der Erlaubnis der zuständigen Behörde unverzüglich anzuzeigen hat, dass er Aufträge im Sinne des § 31 der Gewerbeordnung wahrnimmt oder wahrnehmen möchte. Die nach § 48 Absatz 1 Satz 1 zuständige Behörde übermittelt der nach § 48 Absatz 1 Satz 2 zuständigen Behörde die Anzeige einschließlich der für die Entscheidung erforderlichen Unterlagen. Weist der in Satz 1 genannte Inhaber der Erlaubnis der nach § 48 Absatz 1 Satz 2 zuständigen Behörde bis zum 31. Dezember 2013 die Zulassung nach § 31 Absatz 1 der Gewerbeordnung und das Vorliegen der Voraussetzungen nach Absatz 1 nach, erteilt diese eine auf die Durchführung von Bewachungsaufgaben nach § 31 Absatz 1 der Gewerbeordnung beschränkte Erlaubnis. Absatz 1 Satz 3, Absatz 2 Satz 1, 4 und 5 sowie Absatz 5 gelten für diese Erlaubnis entsprechend.

§ 34 Überlassen von Waffen oder Munition, Prüfung der Erwerbsberechtigung, Anzeigepflicht

(1) Waffen oder Munition dürfen nur berechtigten Personen überlassen werden. Die Berechtigung muss offensichtlich sein oder nachgewiesen werden. Der Inhaber einer Erlaubnis nach § 21 Absatz 1 Satz 1 kann vor einer Überlassung zum Zweck der Prüfung der Erwerbsberechtigung des Erwerbers die Absicht zur Überlassung der zuständigen Behörde elektronisch anzeigen. Die zuständige Behörde prüft die Gültigkeit des Erlaubnisdokuments und teilt dem Anzeigenden nach Satz 3 elektronisch mit, wenn das Erlaubnisdokument im Nationalen Waffenregister nicht oder als nicht gültig registriert ist; Satz 2 bleibt unberührt. Für die Sätze 3 und 4 gilt § 9 des Waffenregistergesetzes.

(2) Werden Waffen oder Munition zur gewerbsmäßigen Beförderung überlassen, so muss die ordnungsgemäße Beförderung sichergestellt sein und es müssen Vorkehrungen gegen ein Abhandenkommen getroffen sein. Munition darf gewerbsmäßig nur in verschlossenen Packungen überlassen werden; dies gilt nicht beim Überlassen auf Schießstätten gemäß § 12 Absatz 2 Nummer 2 oder soweit einzelne Stücke von Munitionssammlern erworben werden. Wer Waffen oder Munition einem anderen lediglich zur gewerbsmäßigen Beförderung gemäß § 12 Absatz 1 Nummer 2 oder Absatz 2 Nummer 1 an einen Dritten übergibt, überlässt sie dem Dritten.

(3) Die Absätze 1 und 2 gelten nicht für denjenigen, der Schusswaffen oder Munition einem anderen, der sie außerhalb des Geltungsbereichs des Gesetzes erwirbt, insbesondere im Versandwege unter eigenem Namen überlässt. Die Vorschriften der §§ 29 und 30 bleiben unberührt.

(4) Wer Personen, die ihren gewöhnlichen Aufenthalt in einem anderen Mitgliedstaat haben, eine Schusswaffe nach Anlage 1 Abschnitt 3 (Kategorien B

und C) oder Munition für eine solche überlässt, hat dies unverzüglich dem Bundesverwaltungsamt schriftlich anzuzeigen; dies gilt nicht in den Fällen des § 12 Abs. 1 Nr. 1 und 5.

(5) Wer erlaubnispflichtige Feuerwaffen nach Anlage 1 Abschnitt 1 Unterabschnitt 1 Nr. 2, ausgenommen Einzellader-Langwaffen mit nur glattem Lauf oder glatten Läufen, und deren wesentliche Teile, Schalldämpfer und tragbare Gegenstände nach Anlage 1 Abschnitt 1 Unterabschnitt 1 Nr. 1.2.1 einem anderen, der seinen gewöhnlichen Aufenthalt in einem Mitgliedstaat des Übereinkommens vom 28. Juni 1978 über die Kontrolle des Erwerbs und Besitzes von Schusswaffen durch Einzelpersonen (BGBl. 1980 II S. 953) hat, überlässt, dorthin versendet oder ohne Wechsel des Besitzers endgültig dorthin verbringt, hat dies unverzüglich dem Bundesverwaltungsamt schriftlich anzuzeigen. Dies gilt nicht

1. für das Überlassen und Versenden der in Satz 1 bezeichneten Gegenstände an staatliche Stellen in einem dieser Staaten und in den Fällen, in denen Unternehmen Schusswaffen zur Durchführung von Kooperationsvereinbarungen zwischen Staaten oder staatlichen Stellen überlassen werden, sofern durch Vorlage einer Bescheinigung von Behörden des Empfangsstaates nachgewiesen wird, dass diesen Behörden der Erwerb bekannt ist, oder

2. soweit Anzeigepflichten nach Absatz 4 oder nach § 30 Satz 3 bestehen.

(6) Das Bundesministerium des Innern wird ermächtigt, durch Rechtsverordnung mit Zustimmung des Bundesrates zur Abwehr von Gefahren für Leben und Gesundheit von Menschen zu bestimmen, dass in den in den Absätzen 2, 4 und 5 bezeichneten Anzeigen weitere Angaben zu machen oder den Anzeigen weitere Unterlagen beizufügen sind.

§ 36 Aufbewahrung von Waffen oder Munition

(1) Wer Waffen oder Munition besitzt, hat die erforderlichen Vorkehrungen zu treffen, um zu verhindern, dass diese Gegenstände abhandenkommen oder Dritte sie unbefugt an sich nehmen.

(2) (aufgehoben)

(3) Wer erlaubnispflichtige Schusswaffen, Munition oder verbotene Waffen besitzt oder die Erteilung einer Erlaubnis zum Besitz beantragt hat, hat der zuständigen Behörde die zur sicheren Aufbewahrung getroffenen oder vorgesehenen Maßnahmen nachzuweisen. Besitzer von erlaubnispflichtigen Schusswaffen, Munition oder verbotenen Waffen haben außerdem der Behörde zur Überprüfung der Pflichten aus Absatz 1 in Verbindung mit einer Rechtsverordnung nach Absatz 5 Zutritt zu den Räumen zu gestatten, in denen die Waffen und die Munition aufbewahrt werden. Wohnräume dürfen gegen den Willen des Inhabers nur zur Verhütung dringender Gefahren für

die öffentliche Sicherheit betreten werden; das Grundrecht der Unverletzlichkeit der Wohnung (Artikel 13 des Grundgesetzes) wird insoweit eingeschränkt.

(4) Die in einer Rechtsverordnung nach Absatz 5 festgelegten Anforderungen an die Aufbewahrung von Schusswaffen und Munition gelten nicht bei Aufrechterhaltung der bis zum 6. Juli 2017 erfolgten Nutzung von Sicherheitsbehältnissen, die den Anforderungen des § 36 Absatz 2 Satz 1 zweiter Halbsatz und Satz 2 in der Fassung des Gesetzes vom 11. Oktober 2002 (BGBl. I S. 3970, 4592; 2003 I S. 1957), das zuletzt durch Artikel 6 Absatz 34 des Gesetzes vom 13. April 2017 (BGBl. I S. 872) geändert worden ist, entsprechen oder die von der zuständigen Behörde als gleichwertig anerkannt wurden. Diese Sicherheitsbehältnisse können nach Maßgabe des § 36 Absatz 1 und 2 in der Fassung des Gesetzes vom 11. Oktober 2002 (BGBl. I S. 3970, 4592; 2003 I S. 1957), das zuletzt durch Artikel 6 Absatz 34 des Gesetzes vom 13. April 2017 (BGBl. I S. 872) geändert worden ist, sowie des § 13 der Allgemeinen Waffengesetz-Verordnung vom 27. Oktober 2003 (BGBl. I S. 2123), die zuletzt durch Artikel 108 des Gesetzes vom 29. März 2017 (BGBl. I S. 626) geändert worden ist,

1. vom bisherigen Besitzer weitergenutzt werden sowie

2. für die Dauer der gemeinschaftlichen Aufbewahrung auch von berechtigten Personen mitgenutzt werden, die mit dem bisherigen Besitzer nach Nummer 1 in häuslicher Gemeinschaft leben.

Die Berechtigung zur Nutzung nach Satz 2 Nummer 2 bleibt über den Tod des bisherigen Besitzers hinaus für eine berechtigte Person nach Satz 2 Nummer 2 bestehen, wenn sie infolge des Erbfalls Eigentümer des Sicherheitsbehältnisses wird; die berechtigte Person wird in diesem Fall nicht bisheriger Besitzer im Sinne des Satzes 2 Nummer 1. In den Fällen der Sätze 1 bis 3 finden § 53 Absatz 1 Nummer 19 und § 52a in der Fassung des Gesetzes vom 11. Oktober 2002 (BGBl. I S. 3970, 4592; 2003 I S. 1957), das zuletzt durch Artikel 6 Absatz 34 des Gesetzes vom 13. April 2017 (BGBl. I S. 872) geändert worden ist, und § 34 Nummer 12 der Allgemeinen Waffengesetz-Verordnung vom 27. Oktober 2003 (BGBl. I S. 2123), die zuletzt durch Artikel 108 des Gesetzes vom 29. März 2017 (BGBl. I S. 626) geändert worden ist, weiterhin Anwendung.

(5) Das Bundesministerium des Innern wird ermächtigt, nach Anhörung der beteiligten Kreise durch Rechtsverordnung mit Zustimmung des Bundesrates unter Berücksichtigung des Standes der Technik, der Art und Zahl der Waffen, der Munition oder der Örtlichkeit die Anforderungen an die Aufbewahrung oder an die Sicherung der Waffe festzulegen. Dabei können

1. Anforderungen an technische Sicherungssysteme zur Verhinderung einer unberechtigten Wegnahme oder Nutzung von Schusswaffen,

2. die Nachrüstung oder der Austausch vorhandener Sicherungssysteme,

3. die Ausstattung der Schusswaffe mit mechanischen, elektronischen oder biometrischen Sicherungssystemen

festgelegt werden.

(6) Ist im Einzelfall, insbesondere wegen der Art und Zahl der aufzubewahrenden Waffen oder Munition oder wegen des Ortes der Aufbewahrung, ein höherer Sicherheitsstandard erforderlich, hat die zuständige Behörde die notwendigen Ergänzungen anzuordnen und zu deren Umsetzung eine angemessene Frist zu setzen.

§ 42 Verbot des Führens von Waffen und Messern bei öffentlichen Veranstaltungen; Verordnungsermächtigungen für Verbotszonen

(1) Wer an öffentlichen Vergnügungen, Volksfesten, Sportveranstaltungen, Messen, Ausstellungen, Märkten oder ähnlichen öffentlichen Veranstaltungen teilnimmt, darf keine Waffen im Sinne des § 1 Abs. 2 führen. Dies gilt auch, wenn für die Teilnahme ein Eintrittsgeld zu entrichten ist, sowie für Theater-, Kino- und Diskothekenbesuche und für Tanzveranstaltungen.

(2) Die zuständige Behörde kann allgemein oder für den Einzelfall Ausnahmen von Absatz 1 zulassen, wenn

1. der Antragsteller die erforderliche Zuverlässigkeit (§ 5) und persönliche Eignung (§ 6) besitzt,

2. der Antragsteller nachgewiesen hat, dass er auf Waffen bei der öffentlichen Veranstaltung nicht verzichten kann, und

3. eine Gefahr für die öffentliche Sicherheit oder Ordnung nicht zu besorgen ist.

(3) Unbeschadet des § 38 muss der nach Absatz 2 Berechtigte auch den Ausnahmebescheid mit sich führen und auf Verlangen zur Prüfung aushändigen.

(4) Die Absätze 1 bis 3 sind nicht anzuwenden

1. auf die Mitwirkenden an Theateraufführungen und diesen gleich zu achtenden Vorführungen, wenn zu diesem Zweck ungeladene oder mit Kartuschenmunition geladene Schusswaffen oder Waffen im Sinne des § 1 Abs. 2 Nr. 2 geführt werden,

2. auf das Schießen in Schießstätten (§ 27),

3. soweit eine Schießerlaubnis nach § 10 Abs. 5 vorliegt,

4. auf das gewerbliche Ausstellen der in Absatz 1 genannten Waffen auf Messen und Ausstellungen.

(4a) Absatz 1 gilt entsprechend für das Führen von Messern. Ausgenommen vom Verbot des Führens von Messern sind:

1. Anlieferverkehr,

2. Gewerbetreibende und ihre Beschäftigten und von den Gewerbetreibenden Beauftragte, die Messer im Zusammenhang mit ihrer Berufsausübung führen,

3. Personen, die ein Messer nicht zugriffsbereit von einem Ort zum anderen befördern,

4. Personen, die ein Messer in oder auf bestimmten Gebäuden oder Flächen mit öffentlichem Verkehr sowie in Verkehrsmitteln und Einrichtungen des öffentlichen Personenverkehrs, in oder auf denen Menschenansammlungen auftreten können und die einem Hausrecht unterliegen mit Zustimmung des Hausrechtsbereichsinhabers führen, wenn das Führen dem Zweck des Aufenthaltes in dem Hausrechtsbereich dient oder im Zusammenhang damit steht,

5. das gewerbliche Ausstellen von Messern auf Messen, Märkten und Ausstellungen,

6. Rettungskräfte und Einsatzkräfte im Zivil- und Katastrophenschutz im Zusammenhang mit der Tätigkeit,

7. Mitwirkende an Foto-, Film- oder Fernsehaufnahmen, Theateraufführungen oder historischen Darstellungen, wenn zu diesem Zweck Messer geführt werden,

8. Personen, die Messer im Zusammenhang mit der Brauchtumspflege, der Jagd oder der Ausübung des Sports führen,

9. Inhaber gastronomischer Betriebe, ihre Beschäftigten und Beauftragten sowie deren Kundinnen und Kunden,

10. Personen, die Messer im Zusammenhang mit einem allgemein anerkannten Zweck führen.

(5) Die Landesregierungen können durch Rechtsverordnung das Führen von Waffen im Sinne des § 1 Absatz 2 und von Messern verbieten oder beschränken

1. auf bestimmten öffentlichen Straßen, Wegen oder Plätzen, soweit an dem jeweiligen Ort wiederholt begangen worden sind

a) Straftaten unter Einsatz von Waffen oder

b) Raubdelikte, Körperverletzungsdelikte, Bedrohungen, Nötigungen, Sexualdelikte, Freiheitsberaubungen oder Straftaten gegen das Leben,

2. auf bestimmten öffentlichen Straßen, Wegen oder Plätzen, auf denen Menschenansammlungen auftreten können,

3. in oder auf bestimmten Gebäuden oder Flächen mit öffentlichem Verkehr sowie in Verkehrsmitteln und Einrichtungen des öffentlichen Personenverkehrs, soweit diese nicht von § 42b Absatz 1 oder einer Rechtsverordnung nach § 42b Absatz 2 erfasst sind, in oder auf denen Menschenansammlungen auftreten können, und die einem Hausrecht unterliegen,

4. in bestimmten Jugend- und Bildungseinrichtungen sowie

5. auf bestimmten öffentlichen Straßen, Wegen oder Plätzen, die an die in den Nummern 2 und 3 genannten Orte oder Einrichtungen angrenzen,

wenn Tatsachen die Annahme rechtfertigen, dass im Fall der Nummer 1 auch künftig mit der Begehung solcher Straftaten zu rechnen ist oder im Fall der Nummern 2 bis 5 das Verbot oder die Beschränkung zur Abwehr von Gefahren für die öffentliche Sicherheit erforderlich ist. In der Rechtsverordnung nach Satz 1 ist eine Ausnahme vom Verbot oder von der Beschränkung für Fälle vorzusehen, in denen für das Führen der Waffe oder des Messers ein berechtigtes Interesse vorliegt. Ein berechtigtes Interesse liegt in der Regel vor

1. für das Führen von Waffen

a) für Inhaber waffenrechtlicher Erlaubnisse, mit Ausnahme einer Erlaubnis nach § 10 Absatz 4 Satz 4,

b) für Personen, die eine Waffe nicht zugriffsbereit von einem Ort zum anderen befördern,

c) in den Fällen des Satzes 1 Nummer 3 für Personen, die eine Waffe mit Zustimmung eines anderen in dessen Hausrechtsbereich nach Satz 1 Nummer 3 führen, wenn das Führen dem Zweck des Aufenthaltes in dem Hausrechtsbereich dient oder im Zusammenhang damit steht,

d) für Rettungskräfte und Einsatzkräfte im Zivil- und Katastrophenschutz im Zusammenhang mit der Tätigkeit;

2. für das Führen von Messern in den Fällen des Absatzes 4a Satz 2.

Die Landesregierungen können die Ermächtigung nach Satz 1 in Verbindung mit Satz 2 durch Rechtsverordnung auf die zuständige oberste Landesbehörde übertragen; diese kann die Ermächtigung durch Rechtsverordnung weiter übertragen.

§ 42a Verbot des Führens von Anscheinswaffen und bestimmten tragbaren Gegenständen

(1) Es ist verboten

1. **Anscheinswaffen**,

2. Hieb- und Stoßwaffen nach Anlage 1 Abschnitt 1 Unterabschnitt 2 Nr. 1.1 oder

3. Messer mit einhändig feststellbarer Klinge (**Einhandmesser**) oder **feststehende Messer mit einer Klingenlänge über 12 cm**

zu führen.

(2) Absatz 1 gilt nicht

1. für die Verwendung bei Foto-, Film- oder Fernsehaufnahmen oder Theateraufführungen,

2. für den Transport in einem **verschlossenen** Behältnis,

3. für das Führen der Gegenstände nach Absatz 1 Nr. 2 und 3, sofern ein **berechtigtes Interesse** vorliegt.

Weitergehende Regelungen bleiben unberührt.

(3) Ein **berechtigtes Interesse** nach Absatz 2 Satz 1 Nr. 3 liegt insbesondere vor, wenn das Führen der Gegenstände im Zusammenhang mit der **Berufsausübung** erfolgt, der Brauchtumspflege, dem Sport oder einem allgemein anerkannten Zweck dient.

§ 45 Rücknahme und Widerruf

(1) Eine Erlaubnis nach diesem Gesetz ist zurückzunehmen, wenn nachträglich bekannt wird, dass die Erlaubnis hätte versagt werden müssen.

(2) Eine **Erlaubnis** nach diesem Gesetz **ist zu widerrufen**, wenn nachträglich Tatsachen eintreten, die zur Versagung hätten führen müssen. Eine Erlaubnis nach diesem Gesetz kann auch widerrufen werden, wenn inhaltliche Beschränkungen nicht beachtet werden.

(3) Bei einer **Erlaubnis kann** abweichend von Absatz 2 Satz 1 im Fall eines vorübergehenden Wegfalls des Bedürfnisses, aus besonderen Gründen auch in Fällen des endgültigen Wegfalls des Bedürfnisses, **von einem Widerruf abgesehen werden**. Satz 1 gilt nicht, sofern es sich um eine **Erlaubnis zum Führen** einer Waffe handelt.

(4) Verweigert eine betroffene Person im Fall der Überprüfung des weiteren Vorliegens von in diesem Gesetz oder in einer auf Grund dieses Gesetzes

erlassenen Rechtsverordnung vorgeschriebenen Tatbestandsvoraussetzungen, bei deren Wegfall ein Grund zur Rücknahme oder zum Widerruf einer Erlaubnis oder Ausnahmebewilligung gegeben wäre, seine Mitwirkung, so kann die Behörde deren Wegfall vermuten. Die betroffene Person ist hierauf hinzuweisen.

(5) Widerspruch und Anfechtungsklage gegen Maßnahmen nach Absatz 1 und Absatz 2 Satz 1 haben keine aufschiebende Wirkung, sofern die Erlaubnis wegen des Nichtvorliegens oder Entfallens der Voraussetzungen nach § 4 Abs. 1 Nr. 2 zurückgenommen oder widerrufen wird.

Anlage 1 (zu § 1 Abs. 4), Auszug

Abschnitt 1: Waffen- und munitionstechnische Begriffe, Einstufung von Gegenständen

Unterabschnitt 1: Schusswaffen

1. Schusswaffen im Sinne des § 1 Abs. 2 Nr. 1

1.1 Schusswaffen

Schusswaffen sind Gegenstände, die zum Angriff oder zur Verteidigung, zur Signalgebung, zur Jagd, zur Distanzinjektion, zur Markierung, zum Sport oder zum Spiel **bestimmt** sind und bei denen **Geschosse durch einen Lauf getrieben** werden.

1.2 Gleichgestellte Gegenstände

Den Schusswaffen stehen gleich tragbare Gegenstände,

1.2.1 die zum **Abschießen von Munition** für die in Nummer 1.1 genannten Zwecke bestimmt sind,

1.2.2 die in Anhang IV Nummer 18 der Richtlinie 2006/42/EG des Europäischen Parlaments und des Rates vom 17. Mai 2006 über **Maschinen** und zur Änderung der Richtlinie 95/16/EG (Neufassung) (ABl. L 157 vom 9.6.2006, S. 24; L 76 vom 16.3.2007, S. 35), die zuletzt durch die Verordnung (EU) Nr. 167/2013 (ABl. L 60 vom 2.3.2013, S. 1) geändert worden ist, aufgeführt sind und **zum Abschießen von Munition für andere** als die in Nummer 1.1 genannten **Zwecke** (insbesondere **Schlachtzwecke**, technische und industrielle Zwecke) bestimmt sind (tragbare **Befestigungsgeräte** mit Treibladung und andere Schussgeräte), sofern

a) sie nicht die Anforderungen des § 7 des Beschussgesetzes erfüllen und zum Nachweis das Kennzeichen der in § 20 Absatz 3 Satz 1 des

Beschussgesetzes bezeichneten Stelle oder ein anerkanntes Prüfzeichen eines Staates, mit dem die gegenseitige Anerkennung der Prüfzeichen vereinbart ist, tragen oder

b) bei ihnen nicht die Einhaltung der Anforderungen nach Anhang I Nummer 2.2.2.1 der Richtlinie 2006/42/EG durch Bescheinigung einer zuständigen Stelle eines Mitgliedstaates oder des Übereinkommens über den Europäischen Wirtschaftsraum nachgewiesen ist,

1.2.3 bei denen bestimmungsgemäß **feste Körper gezielt verschossen** werden, deren Antriebsenergie **durch Muskelkraft oder eine andere Energiequelle** eingebracht und **durch eine Sperrvorrichtung gespeichert oder gehalten** werden kann (zum Beispiel **Armbrüste**, **Pfeilabschussgeräte**). Dies gilt nicht für feste Körper, die mit elastischen Geschossspitzen (zum Beispiel Saugnapf aus Gummi) versehen sind, bei denen eine maximale Bewegungsenergie der Geschossspitzen je Flächeneinheit von 0,16 J/cm2 nicht überschritten wird;

1.3 Wesentliche Teile von Schusswaffen, Schalldämpfer

Wesentliche Teile von Schusswaffen und **Schalldämpfer** stehen, soweit in diesem Gesetz nichts anderes bestimmt ist, den Schusswaffen gleich, für die sie bestimmt sind. Dies gilt auch dann, wenn sie mit anderen Gegenständen verbunden sind und die Gebrauchsfähigkeit als Waffenteil nicht beeinträchtigt ist oder mit allgemein gebräuchlichen Werkzeugen wiederhergestellt werden kann. Teile von Kriegswaffen im Sinne des Gesetzes über die Kontrolle von Kriegswaffen, die nicht vom Gesetz über die Kontrolle von Kriegswaffen erfasst und nachstehend als wesentliche Teile aufgeführt sind sowie Schalldämpfer zu derartigen Waffen werden von diesem Gesetz erfasst;

1.3.1 Wesentliche Teile sind

1.3.1.1 der Lauf oder Gaslauf; der **Lauf** ist ein aus einem ausreichend festen Werkstoff bestehender rohrförmiger Gegenstand, der Ge- schossen, die hindurchgetrieben werden, ein gewisses Maß an Führung gibt, wobei dies in der Regel als gegeben anzusehen ist, wenn die Länge des Laufteils, der die Führung des Geschosses bestimmt, mindestens das Zweifache des Kalibers beträgt; der **Gaslauf** ist ein Lauf, der ausschließlich der Ableitung der Verbrennungsgase dient;

1.3.1.2 der **Verschluss**; der Verschluss ist die **Baugruppe** einer Schusswaffe, welche das Patronen- oder Kartuschenlager nach hinten abschließt; bei **teilbaren Verschlüssen** sind **Verschlusskopf** und **Verschlussträger** jeweils wesentliche Teile; der **Verschlusskopf** ist das unmittelbar das Patronen- oder Kartuschenlager oder den Lauf abschließende Teil; der Verschlussträger ist das Bauteil, welches das Verriegeln und Entriegeln des Verschlusskopfs steuert;

1.3.1.3 das **Patronen- oder Kartuschenlager**, wenn dieses nicht bereits Bestandteil des Laufes ist; das Patronen- oder Kartuschenlager ist ein Hohlkörper aus einem hinreichend festen Material, dessen Abmaße für die Aufnahme von Patronenmunition, Kartuschenmunition oder Ladungen mit oder ohne Geschoss eingerichtet sind und in dem die Munition oder Ladung gezündet wird;

1.3.1.4 bei Schusswaffen, bei denen zum Antrieb ein entzündbares flüssiges oder gasförmiges Gemisch verwendet wird, die **Verbrennungskammer** und die **Einrichtung zur Erzeugung des Gemisches**;

1.3.1.5 bei Schusswaffen mit anderem Antrieb die **Antriebsvorrichtung**, sofern diese fest mit der Schusswaffe verbunden ist;

1.3.1.6 das **Gehäuse**; das Gehäuse ist das Bauteil, welches den **Lauf**, die **Abzugsmechanik** und den **Verschluss aufnimmt**; setzt sich das Gehäuse aus einem **Gehäuseober**- und einem **Gehäuseunterteil** zusammen, sind beide Teile wesentliche Teile; das Gehäuseoberteil nimmt den Lauf und den Verschluss auf; das Gehäuseunterteil nimmt die Abzugsmechanik auf; bei Kurzwaffen wird das Gehäuseunterteil als **Griffstück** bezeichnet;

1.3.1.7 **vorgearbeitete wesentliche Teile** von Schusswaffen sowie **Teile** und **Reststücke** von **Läufen** und **Laufrohlingen**, wenn sie mit allgemein gebräuchlichen Werkzeugen fertiggestellt werden können.

1.3.2 **Führendes wesentliches Teil** ist das Gehäuse; wenn dieses aus Gehäuseober- und Gehäuseunterteil zusammengesetzt ist, das Gehäuseunterteil (Griffstück bei Kurzwaffen); wenn kein Gehäuse vorhanden ist, ist der Verschluss führendes wesentliches Teil; wenn kein Verschluss vorhanden ist, ist der Lauf führendes wesentliches Teil.

1.3.3 **Schalldämpfer** sind Vorrichtungen, die der wesentlichen Dämpfung des Mündungsknalls dienen und für Schusswaffen bestimmt sind;

1.4 Unbrauchbar gemachte Schusswaffen (Dekorationswaffen)

Schusswaffen sind **unbrauchbar** gemacht, wenn die zuständige Behörde eines Mitgliedstaates der Europäischen Union für diese Schusswaffen eine Bescheinigung nach Artikel 3 Absatz 4 der Durchführungsverordnung (EU) 2015/2403 der Kommission vom 15. Dezember 2015 zur Festlegung gemeinsamer Leitlinien über Deaktivierungsstandards und -techniken, die gewährleisten, dass Feuerwaffen bei der Deaktivierung **endgültig unbrauchbar** gemacht werden (ABl. L 333 vom 19.12.2015, S. 62), die zuletzt durch die Durchführungsverordnung (EU) 2018/337 (ABl. L 65 vom 8.3.2018, S. 1) geändert worden ist, ausgestellt hat und die zuständige Behörde die Schusswaffen gemäß Artikel 5 der Durchführungsverordnung (EU) 2015/2403 gekennzeichnet hat.

1.5 Salutwaffen

Salutwaffen sind

1.5.1 veränderte **Langwaffen**, die unter anderem für Theateraufführungen, Foto-, Film- oder Fernsehaufnahmen bestimmt sind, wenn sie die nachstehenden Anforderungen erfüllen:

a) das **Patronenlager** muss dauerhaft so verändert sein, dass **keine** Patronen- oder pyrotechnische **Munition geladen werden kann**,

b) der **Lauf** muss in dem dem Patronenlager zugekehrten Drittel mindestens sechs kalibergroße, offene **Bohrungen** oder andere gleichwertige Laufveränderungen aufweisen und vor diesen in Richtung der Laufmündung mit einem kalibergroßen gehärteten **Stahlstift** dauerhaft **verschlossen** sein,

c) der **Lauf muss mit dem Gehäuse fest verbunden** sein, sofern es sich um Waffen handelt, bei denen der Lauf ohne Anwendung von Werkzeugen ausgetauscht werden kann,

d) die Änderungen müssen so vorgenommen sein, dass sie **nicht** mit allgemein gebräuchlichen Werkzeugen **rückgängig gemacht** und die Gegenstände nicht so geändert **werden können**, dass aus ihnen Geschosse, Patronen- oder pyrotechnische Munition verschossen werden können, und

e) der **Verschluss** muss ein **Kennzeichen** nach Abbildung 11 der Anlage II zur Beschussverordnung tragen;

1.5.2 Schusswaffen, die **vor dem 1. April 1976** entsprechend den Anforderungen des § 3 der Ersten Verordnung zum Waffengesetz vom 19. Dezember 1972 (BGBl. I S. 2522) **verändert** worden sind;

1.6 Anscheinswaffen

Anscheinswaffen sind

1.6.1 Schusswaffen, die ihrer äußeren Form nach im Gesamterscheinungsbild den **Anschein von Feuerwaffen** (Anlage 1 Abschnitt 1 Unterabschnitt 1 Nr. 2.1) hervorrufen und bei denen zum Antrieb der Geschosse **keine heißen Gase** verwendet werden,

1.6.2 Nachbildungen von Schusswaffen mit dem Aussehen von Schusswaffen nach Nummer 1.6.1 oder

1.6.3 unbrauchbar gemachte Schusswaffen mit dem Aussehen von Schusswaffen nach Nummer 1.6.1.

Ausgenommen sind solche Gegenstände, die **erkennbar** nach ihrem Gesamterscheinungsbild **zum Spiel oder für Brauchtumsveranstaltungen bestimmt** sind oder die Teil einer kulturhistorisch bedeutsamen Sammlung im Sinne des § 17 sind oder werden sollen oder Schusswaffen, für die gemäß § 10 Abs. 4 eine Erlaubnis zum Führen erforderlich ist. Erkennbar nach ihrem Gesamterscheinungsbild **zum Spiel bestimmt** sind insbesondere Gegenstände, deren **Größe** die einer entsprechenden Feuerwaffe **um 50 Prozent über- oder unterschreiten**, **neonfarbene Materialien** enthalten oder **keine Kennzeichnungen von Feuerwaffen** aufweisen.

2. Arten von Schusswaffen

2.1 Feuerwaffen; dies sind Schusswaffen nach Nummer 1.1, bei denen ein Geschoss mittels heißer Gase durch einen oder aus einem Lauf getrieben wird.

2.2 Automatische Schusswaffen; dies sind Schusswaffen, die nach Abgabe eines Schusses selbsttätig erneut schussbereit werden und bei denen aus demselben Lauf durch einmalige Betätigung des Abzuges oder einer anderen Schussauslösevorrichtung mehrere Schüsse abgegeben werden können (**Vollautomaten**) oder durch einmalige Betätigung des Abzuges oder einer anderen Schussauslösevorrichtung jeweils nur ein Schuss abgegeben werden kann (**Halbautomaten**). Als automatische Schusswaffen gelten auch Schusswaffen, die mit allgemein gebräuchlichen Werkzeugen in automatische Schusswaffen geändert werden können. Als Vollautomaten gelten auch in Halbautomaten geänderte Vollautomaten, die mit den in Satz 2 genannten Hilfsmitteln wieder in Vollautomaten zurückgeändert werden können.

Double-Action-Revolver sind **keine halbautomatischen Schusswaffen**. Beim Double-Action-Revolver wird bei Betätigung des Abzuges durch den Schützen die Trommel weitergedreht, so dass das nächste Lager mit einer neuen Patrone vor den Lauf und den Schlagbolzen zu liegen kommt, und gleichzeitig die Feder gespannt. Beim weiteren Durchziehen des Abzuges schnellt der Hahn nach vorn und löst den Schuss aus.

2.3 Repetierwaffen; dies sind Schusswaffen, bei denen das Zuführen der Patrone aus einem Magazin, das Abfeuern und das Entfernen der Patrone oder Patronenhülse mit Hilfe eines nur von Hand zu betätigenden Mechanismus erfolgt.

2.4 Einzelladerwaffen; dies sind Schusswaffen ohne Magazin mit einem oder mehreren Läufen, die vor jedem Schuss aus demselben Lauf von Hand geladen werden.

2.5 Langwaffen; dies sind Schusswaffen, deren Lauf und Verschluss in geschlossener Stellung insgesamt länger als 30 cm sind **und** deren kürzeste **bestimmungsgemäß** verwendbare Gesamtlänge 60 cm überschreitet;

Kurzwaffen sind alle anderen Schusswaffen.

2.6 Schreckschusswaffen; dies sind Schusswaffen mit einem Kartuschenlager, die zum Abschießen von Kartuschenmunition bestimmt sind.

2.7 Reizstoffwaffen; dies sind Schusswaffen mit einem Patronen- oder Kartuschenlager, die zum Verschießen von Reiz- oder anderen Wirkstoffen bestimmt sind.

2.8 Signalwaffen; dies sind Schusswaffen mit einem Patronen- oder Kartuschenlager oder tragbare Gegenstände nach Nummer 1.2.1, die zum Verschießen pyrotechnischer Munition bestimmt sind.

2.9 Druckluft- und Federdruckwaffen und Waffen, bei denen zum Antrieb der Geschosse kalte Treibgase verwendet werden; Federdruckwaffen sind Schusswaffen, bei denen entweder Federkraft direkt ein Geschoss antreibt (auch als Federkraftwaffen bezeichnet) oder ein federbelasteter Kolben in einem Zylinder bewegt wird und ein vom Kolben erzeugtes Luftpolster das Geschoss antreibt. Druckluftwaffen sind Schusswaffen, bei denen Luft in einen Druckbehälter vorkomprimiert und gespeichert sowie über ein Ventilsystem zum Geschossantrieb freigegeben wird. Waffen, bei denen zum Antrieb der Geschosse kalte Treibgase Verwendung finden, sind z. B. Druckgaswaffen.

3. Weitere Begriffe zu den wesentlichen Teilen

3.1 Austauschläufe sind Läufe für ein bestimmtes Waffenmodell oder -system, die ohne Nacharbeit ausgetauscht werden können.

3.2 Wechselläufe sind Läufe, die für eine bestimmte Waffe zum Austausch des vorhandenen Laufes vorgefertigt sind und die noch eingepasst werden müssen.

3.3 Einsteckläufe sind Läufe ohne eigenen Verschluss, die in die Läufe von Waffen größeren Kalibers eingesteckt werden können.

3.4 Wechseltrommeln sind Trommeln für ein bestimmtes Revolvermodell, die ohne Nacharbeit gewechselt werden können.

3.5 Wechselsysteme sind Austauschläufe einschließlich des für sie bestimmten Verschlusses sowie der für sie bestimmten Gehäuseteile, sofern diese Gehäuseteile technisch erforderlich sind und Austauschlauf, Verschluss und Gehäuseteile in ihrer Gesamtheit keine bestimmungsgemäß verwendbare Waffe ergeben.

3.6 Einstecksysteme sind Einsteckläufe einschließlich des für sie bestimmten Verschlusses sowie der für sie bestimmten Gehäuseteile, sofern diese Gehäuseteile technisch erforderlich sind und Einstecklauf, Verschluss und Gehäuseteile in ihrer Gesamtheit keine bestimmungsgemäß verwendbare Waffe ergeben.

3.7 Einsätze sind Teile, die den Innenmaßen des Patronenlagers der Schusswaffe angepasst und zum Verschießen von Munition kleinerer Abmessungen bestimmt sind.

4. Sonstige Vorrichtungen für Schusswaffen

4.1 Zielscheinwerfer sind für Schusswaffen bestimmte Vorrichtungen, die das Ziel beleuchten. Ein Ziel wird dann beleuchtet, wenn es mittels Lichtstrahlen bei ungünstigen Lichtverhältnissen oder Dunkelheit für den Schützen erkennbar dargestellt wird. Dabei ist es unerheblich, ob das Licht sichtbar oder unsichtbar (z. B. infrarot) ist und ob der Schütze weitere Hilfsmittel für die Zielerkennung benötigt.

4.2 Laser oder Zielpunktprojektoren sind für Schusswaffen bestimmte Vorrichtungen, die das Ziel markieren. Ein Ziel wird markiert, wenn auf diesem für den Schützen erkennbar ein Zielpunkt projiziert wird.

4.3 Nachtsichtgeräte oder Nachtzielgeräte sind für Schusswaffen bestimmte Vorrichtungen, die eine elektronische Verstärkung oder einen Bildwandler und eine Montageeinrichtung für Schusswaffen besitzen. Zu Nachtzielgeräten zählen auch Nachtsichtvorsätze und Nachtsichtaufsätze für Zielhilfsmittel (Zielfernrohre).

4.4 Magazine sind für die Verwendung in Schusswaffen bestimmte Munitionsbehältnisse, die der Aufbewahrung und Zuführung von Patronen im Rahmen des Ladevorgangs dienen.

4.4.1 Eingebaut sind Magazine, die während ihrer Befüllung bestimmungsgemäß mit der Schusswaffe verbunden bleiben.

4.4.2 Wechselmagazine sind Magazine, die während ihrer Befüllung bestimmungsgemäß von der Schusswaffe getrennt werden.

4.4.3 Magazingehäuse sind diejenigen Bestandteile von Wechselmagazinen, die dazu bestimmt sind, die Patronen aufzunehmen.

5. Reizstoffe sind Stoffe, die bei ihrer bestimmungsgemäßen Anwendung auf den Menschen eine belästigende Wirkung durch Haut- und Schleimhautreizung, insbesondere durch einen Augenreiz ausüben und resorptiv nicht giftig wirken.

6. Nachbildungen von Schusswaffen sind Gegenstände,

- die nicht als Schusswaffen hergestellt wurden,

- die die äußere Form einer Schusswaffe haben,

- aus denen nicht geschossen werden kann und

- die nicht mit allgemein gebräuchlichen Werkzeugen so umgebaut oder verändert werden können, dass aus ihnen Munition, Ladungen oder Geschosse verschossen werden können.

Unterabschnitt 2: Tragbare Gegenstände

1. Tragbare Gegenstände nach § 1 Abs. 2 Nr. 2 Buchstabe a sind insbesondere

1.1 Hieb- und Stoßwaffen (Gegenstände, die ihrem Wesen nach dazu bestimmt sind, unter unmittelbarer Ausnutzung der Muskelkraft durch Hieb, Stoß, Stich, Schlag oder Wurf Verletzungen beizubringen),

1.2 Gegenstände,

1.2.1 die unter Ausnutzung einer anderen als mechanischen Energie Verletzungen beibringen (z. B. **Elektroimpulsgeräte**),

1.2.2 aus denen Reizstoffe versprüht oder ausgestoßen werden, die eine Reichweite bis zu 2 m haben (**Reizstoffsprühgeräte**),

1.2.3 bei denen in einer Entfernung von mehr als 2 m bei Menschen

a) eine angriffsunfähig machende Wirkung durch ein gezieltes Versprühen oder Ausstoßen von Reiz- oder anderen Wirkstoffen oder

b) eine gesundheitsschädliche Wirkung durch eine andere als kinetische Energie, insbesondere durch ein gezieltes Ausstrahlen einer elektromagnetischen Strahlung,

hervorgerufen werden kann,

1.2.4 bei denen gasförmige, flüssige oder feste Stoffe den Gegenstand gezielt und brennend mit einer Flamme von mehr als 20 cm Länge verlassen,

1.2.5 bei denen leicht entflammbare Stoffe so verteilt und entzündet werden, dass schlagartig ein Brand entstehen kann, oder in denen unter Verwendung explosions-gefährlicher oder explosionsfähiger Stoffe eine Explosion ausgelöst werden kann,

1.2.6 die nach ihrer Beschaffenheit und Handhabung dazu bestimmt sind, durch Drosseln die Gesundheit zu schädigen,

1.3 Schleudern, die zur Erreichung einer höchstmöglichen Bewegungsenergie eine Armstütze oder eine vergleichbare Vorrichtung besitzen oder für eine solche Vorrichtung eingerichtet sind (Präzisionsschleudern), sowie Armstützen und vergleichbare Vorrichtungen für die vorbezeichneten Gegenstände.

2. Tragbare Gegenstände im Sinne des § 1 Abs. 2 Nr. 2 Buchstabe b sind

2.1 Messer,

2.1.1 deren Klingen auf Knopf- oder Hebeldruck hervorschnellen und hierdurch oder beim Loslassen der Sperrvorrichtung festgestellt werden können (Springmesser),

2.1.2 deren Klingen beim Lösen einer Sperrvorrichtung durch ihre Schwerkraft oder durch eine Schleuderbewegung aus dem Griff hervorschnellen und selbsttätig oder beim Loslassen der Sperrvorrichtung festgestellt werden (Fallmesser),

2.1.3 mit einem quer zur feststehenden oder feststellbaren Klinge verlaufenden Griff, die bestimmungsgemäß in der geschlossenen Faust geführt oder eingesetzt werden (Faustmesser),

2.1.4 Faltmesser mit zweigeteilten, schwenkbaren Griffen (Butterflymesser),

2.2 Gegenstände, die bestimmungsgemäß unter Ausnutzung einer anderen als mechanischen Energie Tieren Schmerzen beibringen (z. B. Elektroimpulsgeräte), mit Ausnahme der ihrer Bestimmung entsprechend im Bereich der Tierhaltung oder bei der sachgerechten Hundeausbildung Verwendung findenden Gegenstände (z. B. Viehtreiber).

Unterabschnitt 3: Munition und Geschosse

1. Munition ist zum Verschießen aus Schusswaffen bestimmte

1.1 Patronenmunition (Hülsen mit Ladungen, die ein Geschoss enthalten, und Geschosse mit Eigenantrieb),

1.2 Kartuschenmunition (Hülsen mit Ladungen, die ein Geschoss nicht enthalten),

1.3 hülsenlose Munition (Ladung mit oder ohne Geschoss, wobei die Treibladung eine den Innenabmessungen einer Schusswaffe oder eines Gegenstandes nach Unterabschnitt 1 Nr. 1.2 angepasste Form hat),

1.4 pyrotechnische Munition (dies sind Gegenstände, die Geschosse mit explosionsgefährlichen Stoffen oder Stoffgemischen [pyrotechnische Sätze] enthalten, die Licht-, Schall-, Rauch-, Nebel-, Heiz-, Druck- oder Bewegungswirkungen erzeugen und keine zweckbestimmte Durchschlagskraft im Ziel entfalten); hierzu gehört

1.4.1 pyrotechnische Patronenmunition (Patronenmunition, bei der das Geschoss einen pyrotechnischen Satz enthält),

1.4.2 unpatronierte pyrotechnische Munition (Geschosse, die einen pyrotechnischen Satz enthalten),

1.4.3 mit der Antriebsvorrichtung fest verbundene pyrotechnische Munition.

2. Ladungen sind die Hauptenergieträger, die in loser Schüttung in Munition oder als vorgefertigte Ladung oder in loser Form in Waffen nach Unterabschnitt 1 Nr. 1.1 oder Gegenstände nach Unterabschnitt 1 Nr. 1.2.1 eingegeben werden und

- zum Antrieb von Geschossen oder Wirkstoffen oder

- zur Erzeugung von Schall- oder Lichtimpulsen

bestimmt sind, sowie Anzündsätze, die direkt zum Antrieb von Geschossen dienen.

3. Geschosse im Sinne dieses Gesetzes sind als Waffen oder für Schusswaffen bestimmte

3.1 feste Körper,

3.2 gasförmige, flüssige oder feste Stoffe in Umhüllungen.

Abschnitt 2: Waffenrechtliche Begriffe

Im Sinne dieses Gesetzes

1. **erwirbt** eine Waffe oder Munition, wer die tatsächliche Gewalt darüber erlangt,

2. **besitzt** eine Waffe oder Munition, wer die tatsächliche Gewalt darüber ausübt,

3. **überlässt** eine Waffe oder Munition, wer die tatsächliche Gewalt darüber einem anderen einräumt,

4. **führt** eine Waffe, wer die tatsächliche Gewalt darüber außerhalb der eigenen Wohnung, Geschäftsräume, des eigenen befriedeten Besitztums oder einer Schießstätte ausübt,

5. **verbringt** eine Waffe oder Munition, wer diese Waffe oder Munition über die Grenze zum dortigen Verbleib oder mit dem Ziel des Besitzwechsels in den, durch den oder aus dem Geltungsbereich des Gesetzes zu einer anderen Person oder zu sich selbst transportieren lässt oder selbst transportiert,

6. **nimmt** eine Waffe oder Munition **mit**, wer diese Waffe oder Munition vorübergehend auf einer Reise ohne Aufgabe des Besitzes zur Verwendung über die Grenze in den, durch den oder aus dem Geltungsbereich des Gesetzes bringt,

7. **schießt**, wer mit einer Schusswaffe Geschosse durch einen Lauf verschießt, Kartuschenmunition abschießt, mit Patronen- oder Kartuschenmunition Reiz- oder andere Wirkstoffe verschießt oder pyrotechnische Munition verschießt,

8.

8.1 werden Waffen oder Munition **hergestellt**, wenn aus Rohteilen oder Materialien ein Endprodukt oder wesentliche Teile eines Endproduktes erzeugt werden oder bei einer Waffe das führende wesentliche Teil durch ein Teil, das noch nicht in einer Waffe verbaut war, ersetzt wird; eine Schusswaffe ist hergestellt, wenn sie weißfertig im Sinne von § 2 Absatz 5 des Beschussgesetzes ist oder der Austausch des führenden wesentlichen Teils abgeschlossen ist; als Herstellen von Munition gilt auch das Wiederladen von Hülsen,

8.1a ist eine Waffe **fertiggestellt**, sobald sie mit dem amtlichen Beschusszeichen nach § 6 des Beschussgesetzes versehen wurde oder, sofern die Waffe nicht der amtlichen Beschussprüfung unterliegt, sobald sie zum Inverkehrbringen bereitgehalten wird,

8.2 wird eine Schusswaffe **bearbeitet**, wenn

8.2.1 sie verkürzt, in der Schussfolge verändert oder so geändert wird, dass andere Munition oder Geschosse anderer Kaliber aus ihr verschossen werden können (**Umbau**),

8.2.2 **wesentliche Teile**, zu deren Einpassung eine Nacharbeit erforderlich ist, **ausgetauscht** werden, sofern nicht Nummer 8.1 zutrifft,

8.2.3 Arbeiten an der Schusswaffe durchgeführt werden, die eine **Beschusspflicht** gemäß § 3 Absatz 2 des Beschussgesetzes auslösen, wenn nicht die Nummern 8.1, 8.2.1 oder 8.2.2 zutreffen (**Instandsetzung**); eine Schusswaffe wird nicht bearbeitet, wenn lediglich geringfügige Änderungen, insbesondere am Schaft oder an der Zieleinrichtung, vorgenommen werden,

8.3 wird eine Schusswaffe **unbrauchbar gemacht**, wenn an ihr die Maßnahmen des Anhangs I Tabelle II bis III der Durchführungsverordnung (EU) 2015/2403 durchgeführt werden,

9. treibt **Waffenhandel**, wer gewerbsmäßig oder selbstständig im Rahmen einer wirtschaftlichen Unternehmung Schusswaffen oder Munition ankauft, feilhält, Bestellungen entgegennimmt oder aufsucht, anderen überlässt oder den Erwerb, den Vertrieb oder das Überlassen vermittelt,

10. sind **Kinder** Personen, die noch nicht 14 Jahre alt sind,

11. sind **Jugendliche** Personen, die mindestens 14, aber noch nicht 18 Jahre alt sind;

12. ist eine Waffe **schussbereit**, wenn sie geladen ist, das heißt, dass Munition oder Geschosse in der Trommel, im in die Waffe eingefügten Magazin oder im Patronen- oder Geschosslager sind, auch wenn sie nicht gespannt ist;

13. ist eine **Schusswaffe zugriffsbereit**, wenn sie unmittelbar in Anschlag gebracht werden kann; sie ist **nicht zugriffsbereit**, wenn sie in einem verschlossenen Behältnis mitgeführt wird; ein **Messer** ist **nicht zugriffsbereit**, wenn es nur mit **mehr als drei Handgriffen erreicht** werden kann,

14. sind **Mitgliedsstaaten** die Mitgliedsstaaten der Europäischen Union und gelten als Mitgliedsstaaten auch die Vertragsstaaten des Schengener Übereinkommens.

Anlage 2 (zu § 2 Abs. 2 bis 4) Waffenliste, Auszug

Abschnitt 1: Verbotene Waffen

Der Umgang mit Ausnahme der Unbrauchbarmachung mit folgenden Waffen und Munition ist verboten:

1.1 Waffen (§ 1 Abs. 2), mit Ausnahme halbautomatischer tragbarer Schusswaffen, die in der Anlage zum Gesetz über die Kontrolle von Kriegswaffen (Kriegswaffenliste) in der Fassung der Bekanntmachung vom 22. November 1990 (BGBl. I S. 2506) oder deren Änderungen aufgeführt sind, nach Verlust der Kriegswaffeneigenschaft;

1.2 Schusswaffen im Sinne des § 1 Abs. 2 Nr. 1 nach den Nummern 1.2.1 bis 1.2.3 und deren Zubehör nach Nummer 1.2.4, die

1.2.1

1.2.1.1 **Vollautomaten** im Sinne der Anlage 1 Abschnitt 1 Unterabschnitt 1 Nr. 2.2 sind oder

1.2.1.2 Vorderschaftrepetierflinten, bei denen **anstelle** des Hinterschaftes ein **Kurzwaffengriff** vorhanden ist oder die **Waffengesamtlänge** in der **kürzest möglichen Verwendungsform weniger als 95 cm** oder die **Lauflänge weniger als 45 cm** beträgt, sind;

1.2.2 ihrer Form nach geeignet sind, einen anderen Gegenstand vorzutäuschen oder die mit Gegenständen des täglichen Gebrauchs verkleidet sind (z. B. Koppelschlosspistolen, Schießkugelschreiber, Stockgewehre, Taschenlampenpistolen);

1.2.3 über den für Jagd- und Sportzwecke allgemein üblichen Umfang hinaus zusammengeklappt, zusammengeschoben, verkürzt oder schnell zerlegt werden können;

1.2.4 **für Schusswaffen bestimmte**

1.2.4.1 Vorrichtungen sind, die das Ziel **beleuchten** (z. B. Zielscheinwerfer) oder **markieren** (z.B. Laser oder Zielpunktprojektoren);

1.2.4.2 Nachtsichtgeräte und Nachtzielgeräte **mit Montagevorrichtung für Schusswaffen** sowie Nachtsichtvorsätze und Nachtsichtaufsätze für Zielhilfsmittel (z.B. Zielfernrohre) sind, sofern die Gegenstände einen Bildwandler oder eine elektronische Verstärkung besitzen;

1.2.4.3 **Wechselmagazine** für **Kurzwaffen** für **Zentralfeuermunition** sind, die **mehr als 20 Patronen** des kleinsten nach Herstellerangabe bestimmungsgemäß verwendbaren Kalibers aufnehmen können;

1.2.4.4 **Wechselmagazine** für **Langwaffen** für **Zentralfeuermunition** sind, die **mehr als zehn Patronen** des kleinsten nach Herstellerangabe bestimmungsgemäß verwendbaren Kalibers aufnehmen können; ein Wechselmagazin, das sowohl in Kurz- als auch in Langwaffen verwendbar ist, gilt als Magazin für Kurzwaffen, wenn nicht der Besitzer gleichzeitig über eine Erlaubnis zum Besitz einer Langwaffe verfügt, in der das Magazin verwendet werden kann;

1.2.4.5 **Magazingehäuse für Wechselmagazine** nach den Nummern 1.2.4.3 und 1.2.4.4 sind;

1.2.5 mehrschüssige Kurzwaffen sind, deren Baujahr nach dem 1. Januar 1970 liegt, für **Zentralfeuermunition in Kalibern unter 6,3 mm**, wenn der Antrieb der Geschosse nicht ausschließlich durch den Zündsatz erfolgt;

1.2.6 **halbautomatische Kurzwaffen für Zentralfeuermunition** sind, die über ein **eingebautes Magazin** mit einer Kapazität von **mehr als 20 Patronen** des kleinsten nach Herstellerangabe bestimmungsgemäß verwendbaren Kalibers verfügen;

1.2.7 **halbautomatische Langwaffen für Zentralfeuermunition** sind, die über ein **eingebautes Magazin** mit einer Kapazität von **mehr als zehn Patronen** des kleinsten nach Herstellerangabe bestimmungsgemäß verwendbaren Kalibers verfügen;

1.2.8 nach diesem Abschnitt **verbotene Schusswaffen** sind, die **zu Salutwaffen** im Sinne von Anlage 1 Abschnitt 1 Unterabschnitt 1 Nummer 1.5 **umgebaut** worden sind;

1.3 Tragbare Gegenstände im Sinne des § 1 Abs. 2 Nr. 2 Buchstabe a nach den Nummern 1.3.1 bis 1.3.8

1.3.1 Hieb- oder Stoßwaffen, die ihrer Form nach geeignet sind, einen anderen Gegenstand vorzutäuschen, oder die mit Gegenständen des täglichen Gebrauchs verkleidet sind;

1.3.2 Stahlruten, Totschläger oder Schlagringe;

1.3.3 sternförmige Scheiben, die nach ihrer Beschaffenheit und Handhabung zum Wurf auf ein Ziel bestimmt und geeignet sind, die Gesundheit zu beschädigen (Wurfsterne);

1.3.4 Gegenstände, bei denen leicht entflammbare Stoffe so verteilt und entzündet werden, dass schlagartig ein Brand entstehen kann; oder in denen unter Verwendung explosionsgefährlicher oder explosionsfähiger Stoffe eine Explosion ausgelöst werden kann;

1.3.5 Gegenstände mit Reiz- oder anderen Wirkstoffen, es sei denn, dass die Stoffe als gesundheitlich unbedenklich amtlich zugelassen sind und die Gegenstände

- in der Reichweite und Sprühdauer begrenzt sind und

- zum Nachweis der gesundheitlichen Unbedenklichkeit, der Reichweiten- und der Sprühdauerbegrenzung ein amtliches Prüfzeichen tragen;

1.3.6 Gegenstände, die unter Ausnutzung einer anderen als mechanischen Energie Verletzungen beibringen (z. B. Elektroimpulsgeräte), sofern sie nicht als gesundheitlich unbedenklich amtlich zugelassen sind und ein amtliches Prüfzeichen tragen zum Nachweis der gesundheitlichen Unbedenklichkeit; sowie Distanz-Elektroimpulsgeräte, die mit dem Abschuss- oder Auslösegerät durch einen leitungsfähigen Flüssigkeitsstrahl einen Elektroimpuls übertragen oder durch Leitung verbundene Elektroden zur Übertragung eines Elektroimpulses am Körper aufbringen

1.3.7 Präzisionsschleudern nach Anlage 1 Abschnitt 1 Unterabschnitt 2 Nr. 1.3 sowie Armstützen und vergleichbare Vorrichtungen für die vorbezeichneten Gegenstände;

1.3.8 Gegenstände, die nach ihrer Beschaffenheit und Handhabung dazu bestimmt sind, durch Drosseln die Gesundheit zu schädigen (z. B. Nunchakus);

1.4 Tragbare Gegenstände im Sinne des § 1 Abs. 2 Nr. 2 Buchstabe b nach den Nummern 1.4.1 bis 1.4.4

1.4.1 Spring- und Fallmesser nach Anlage 1 Abschnitt 1 Unterabschnitt 2 Nr. 2.1.1 und 2.1.2. Hiervon **ausgenommen** sind **Springmesser**, wenn die Klinge **seitlich aus dem Griff** herausspringt und der aus dem Griff herausragende **Teil der Klinge**

- **höchstens 8,5 cm lang** ist und

- **nicht zweiseitig geschliffen** ist,

soweit ein **berechtigtes Interesse** besteht, das eine einhändige Nutzung erforderlich macht, oder der Umgang im **Zusammenhang mit der Berufsausübung** erfolgt;

1.4.2 Faustmesser nach Anlage 1 Abschnitt 1 Unterabschnitt 2 Nr. 2.1.3,

1.4.3 Butterflymesser nach Anlage 1 Abschnitt 1 Unterabschnitt 2 Nr. 2.1.4,

1.4.4 Gegenstände, die unter Ausnutzung einer anderen als mechanischen Energie Tieren Verletzungen beibringen (z. B. Elektroimpulsgeräte), sofern sie nicht als gesundheitlich unbedenklich amtlich zugelassen sind und ein amtliches Prüfzeichen tragen zum Nachweis der gesundheitlichen Unbedenklichkeit oder bestimmungsgemäß in der Tierhaltung Verwendung finden.

1.5 Munition und Geschosse nach den Nummern 1.5.1 bis 1.5.7

1.5.1 Geschosse mit Betäubungsstoffen, die zu Angriffs- oder Verteidigungszwecken bestimmt sind;

1.5.2 Geschosse oder Kartuschenmunition mit Reizstoffen, die zu Angriffs- oder Verteidigungszwecken bestimmt sind ohne amtliches Prüfzeichen zum Nachweis der gesundheitlichen Unbedenklichkeit;

1.5.3 Patronenmunition für Schusswaffen mit gezogenen Läufen, deren Geschosse im Durchmesser kleiner sind als die Felddurchmesser der dazugehörigen Schusswaffen und die mit einer Treib- und Führungshülse umgeben sind, die sich nach Verlassen des Laufes vom Geschoss trennt;

1.5.4 Munition und Geschosse nach Anlage 1 Abschnitt 3 Nummer 1.5 sowie Munition mit Geschossen, die einen Hartkern (mindestens 400 HB 25 - Brinellhärte - bzw. 421 HV - Vickershärte -) enthalten, sowie entsprechende Geschosse, ausgenommen pyrotechnische Munition, die bestimmungsgemäß zur Signalgebung bei der Gefahrenabwehr dient;

1.5.5 Knallkartuschen, Reiz- und sonstige Wirkstoffmunition nach Tabelle 5 der Maßtafeln nach § 1 Abs. 3 Satz 3 der Dritten Verordnung zum Waffengesetz in der Fassung der Bekanntmachung vom 2. September 1991 (BGBl. I S. 1872), die zuletzt durch die Zweite Verordnung zur Änderung von waffenrechtlichen Verordnungen vom 24. Januar 2000 (BGBl. I S. 38) geändert wurde, in der jeweils geltenden Fassung (Maßtafeln), bei deren Verschießen in Entfernungen von mehr als 1,5 m vor der Mündung Verletzungen durch feste Bestandteile hervorgerufen werden können, ausgenommen Kartuschenmunition der Kaliber 16 und 12 mit einer Hülsenlänge von nicht mehr als 47 oder 49 mm;

1.5.6 Kleinschrotmunition, die in Lagern nach Tabelle 5 der Maßtafeln mit einem Durchmesser P(tief)1 bis 12,5 mm geladen werden kann;

1.5.7 Munition, die zur ausschließlichen Verwendung in Kriegswaffen oder durch die in § 55 Abs. 1 Satz 1 bezeichneten Stellen bestimmt ist, soweit die Munition nicht unter die Vorschriften des Gesetzes über die Kontrolle von Kriegswaffen oder des Sprengstoffgesetzes fällt.

Abschnitt 2: Erlaubnispflichtige Waffen

Unterabschnitt 1: Erlaubnispflicht

Der Umgang, ausgenommen das Überlassen, mit Waffen im Sinne des § 1 Absatz 2 Nummer 1 (Anlage 1 Abschnitt 1 Unterabschnitt 1 **Nummer 1 bis 4.3**) und der dafür bestimmten Munition bedarf der Erlaubnis, soweit solche Waffen oder Munition nicht nach Unterabschnitt 2 für die dort bezeichneten Arten des Umgangs von der Erlaubnispflicht freigestellt sind. In Unterabschnitt 3 sind die Schusswaffen oder Munition aufgeführt, bei denen die Erlaubnis unter erleichterten Voraussetzungen erteilt wird. Ist eine erlaubnispflichtige Feuerwaffe in eine Waffe umgearbeitet worden, deren Erwerb und Besitz unter erleichterten und wegfallenden Erlaubnisvoraussetzungen möglich wäre, so richtet sich die Erlaubnispflicht nach derjenigen für die ursprüngliche Waffe, soweit nicht etwas anderes bestimmt ist.

Unterabschnitt 2: Erlaubnisfreie Arten des Umgangs

Unterabschnitt 2: Erlaubnisfreie Arten des Umgangs

1. Erlaubnisfreier Erwerb und Besitz

1.1 **Druckluft-, Federdruckwaffen und Waffen**, bei denen zum Antrieb der Geschosse **kalte Treibgase** Verwendung finden, wenn den Geschossen eine Bewegungsenergie von **nicht mehr als 7,5 Joule** erteilt wird, und die das **Kennzeichen nach Anlage 1 Abbildung 1** zur Ersten Verordnung zum Waffengesetz vom 24. Mai 1976 (BGBl. I S. 1285) in der zum Zeitpunkt des Inkrafttretens dieses Gesetzes geltenden Fassung oder ein durch **Rechtsverordnung nach § 25 Nummer 1 bestimmtes Zeichen** tragen, sofern

a) diese nicht nach ihrer Beschaffenheit in Bezug auf Geschosse mit einer Länge von mehr als 30 mm mehrschüssig sind und

b) die Bestätigung zum Aufbringen des Kennzeichens nach § 11 Absatz 6 Satz 4 der Beschussverordnung oder das Aufbringen des Kennzeichens nach § 11 Absatz 6 Satz 5 der Beschussverordnung nicht vor dem 24. Juli 2025 erfolgt ist;

1.2 Druckluft-, Federdruckwaffen und Waffen, bei denen zum Antrieb der Geschosse kalte Treibgase Verwendung finden, die vor dem 1. Januar 1970 oder in dem in Artikel 3 des Einigungsvertrages genannten Gebiet vor dem 2. April 1991 hergestellt und entsprechend den zu diesem Zeitpunkt geltenden Bestimmungen in den Handel gebracht worden sind;

1.3 **Schreckschuss-, Reizstoff- und Signalwaffen**,

a) die der zugelassenen Bauart nach § 8 des Beschussgesetzes entsprechen und das **Zulassungszeichen** nach Anlage 1 Abbildung 2 zur Ersten Verordnung zum Waffengesetz vom 24. Mai 1976 (BGBl. I S. 1285) in der zum Zeitpunkt des Inkrafttretens dieses Gesetzes gelten- den Fassung oder ein durch Rechtsverordnung nach § 25 Nummer 1 bestimmtes Zeichen tragen oder

b) die den **Rechtsvorschriften eines anderen Mitgliedstaates** entsprechen, die dieser der Europäischen Kommission nach Artikel 4 Absatz 2 der Durchführungsrichtlinie (EU) 2019/69 der Kommission vom 16. Januar 2019 zur Festlegung technischer Spezifikationen für Schreckschuss- und Signalwaffen gemäß der Richtlinie 91/477/EWG des Rates über die Kontrolle des Erwerbs und des Besitzes von Waffen als Maßnahme zur Umsetzung dieser Durchführungsrichtlinie mitgeteilt hat;

1.4 Kartuschenmunition für die in Nummer 1.3 bezeichneten Schusswaffen;

1.5 **einläufige** Einzelladerwaffen mit Zündhütchenzündung (Perkussionswaffen), deren Modell vor dem 1. Januar 1871 entwickelt worden ist;

1.6 Schusswaffen mit Lunten- oder Funkenzündung, deren Modell vor dem 1. Januar 1871 entwickelt worden ist;

1.7 Schusswaffen mit Zündnadelzündung, deren Modell vor dem 1. Januar 1871 entwickelt worden ist;

1.8 Armbrüste;

1.9 Kartuschenmunition für die nach Anlage 1 Abschnitt 1 Unterabschnitt 1 Nummer 1.5 abgeänderten Schusswaffen sowie für Schussapparate nach § 7 des Beschussgesetzes;

1.10 pyrotechnische Munition, die das Zulassungszeichen nach Anlage II Abbildung 5 zur Dritten Verordnung zum Waffengesetz in der Fassung der Bekanntmachung vom 2. September 1991 (BGBl. I S. 1872) mit der Klassenbezeichnung PM I trägt.

2. Erlaubnisfreier Erwerb durch Inhaber einer Waffenbesitzkarte

(unbeschadet der Anzeige- und Eintragungspflicht nach § 37a und 37g)

2.1 Wechsel- und Austauschläufe gleichen oder geringeren Kalibers einschließlich der für diese Läufe erforderlichen auswechselbaren Verschlüsse (Wechselsysteme);

2.2 Wechseltrommeln, aus denen nur Munition verschossen werden kann, bei der gegenüber der für die Waffe bestimmten Munition Geschossdurchmesser und höchstzulässiger Gebrauchsgasdruck gleich oder geringer sind;

für Schusswaffen, die bereits in der Waffenbesitzkarte des Inhabers einer Erlaubnis eingetragen sind.

2a. Erlaubnisfreier Erwerb und Besitz durch Inhaber einer Waffenbesitzkarte

Einsteckläufe und dazugehörige Verschlüsse (Einstecksysteme) sowie Einsätze, die dazu bestimmt sind, Munition mit kleinerer Abmessung zu verschießen, und die keine Einsteckläufe sind;

für Schusswaffen, die bereits in der Waffenbesitzkarte des Inhabers einer Erlaubnis eingetragen sind.

2b. Erlaubnisfreier Erwerb und Besitz und erlaubnisfreies Überlassen unbeschadet der Anzeigepflicht nach § 37d von unbrauchbar gemachten Schusswaffen

3. Erlaubnisfreies Führen

3.1 Schusswaffen mit Lunten- oder Funkenzündung, deren Modell vor dem 1. Januar 1871 entwickelt worden ist;

3.2 Armbrüste.

3.3 unbrauchbar gemachte Schusswaffen.

4. Erlaubnisfreier Handel und erlaubnisfreie Herstellung

4.1 Schusswaffen mit Lunten- oder Funkenzündung, deren Modell vor dem 1. Januar 1871 entwickelt worden ist;

4.2 Armbrüste.

5. Erlaubnisfreier Handel

5.1 Einläufige Einzelladerwaffen mit Zündhütchenzündung (Perkussionswaffen), deren Modell vor dem 1. Januar 1871 entwickelt worden ist;

5.2 Schusswaffen mit Zündnadelzündung, deren Modell vor dem 1. Januar 1871 entwickelt worden ist.

5.3 unbrauchbar gemachte Schusswaffen.

6. Erlaubnisfreie nichtgewerbsmäßige Herstellung

6.1 Munition.

*(**7.** und **8.** sowie **9.** nicht abgedruckt)*

10. Erlaubnisfreie Unbrauchbarmachung unbeschadet der Anzeigepflicht nach § 37b Absatz 2

Sämtliche Schusswaffen im Sinne des § 1 Absatz 2 Nummer 1.

Unterabschnitt 3: Entbehrlichkeit einzelner Erlaubnisvoraussetzungen

1. Erwerb und Besitz ohne Bedürfnisnachweis (§ 4 Abs. 1 Nr. 4)

1.1 Feuerwaffen, deren Geschossen eine Bewegungsenergie von nicht mehr als 7,5 Joule erteilt wird und die das Kennzeichen nach Anlage 1 Abbildung 1 der Ersten Verordnung zum Waffengesetz vom 24. Mai 1976 (BGBl. I S. 1285) in der zum Zeitpunkt des Inkrafttretens dieses Gesetzes geltenden Fassung oder ein durch Rechtsverordnung nach § 25 Abs. 1 Nr. 1 Buchstabe c bestimmtes Zeichen tragen;

1.2 für Waffen nach Nummer 1.1 bestimmte Munition.

2. Führen ohne Sachkunde-, Bedürfnis- und Haftpflichtversicherungsnachweis (§ 4 Abs. 1 Nr. 3 bis 5) - Kleiner Waffenschein

2.1 Schreckschuss-, Reizstoff- und Signalwaffen nach Unterabschnitt 2 Nr. 1.3.

Abschnitt 3: Vom Gesetz ganz oder teilweise ausgenommene Waffen

Unterabschnitt 1: Vom Gesetz mit Ausnahme von § 2 Abs. 1 (Mindestalter) und § 41 (Waffenverbot für den Einzelfall) ausgenommene Waffen

Unterwassersportgeräte, bei denen zum Antrieb der Geschosse keine Munition verwendet wird (**Harpunengeräte**),

Unterabschnitt 2: Vom Gesetz mit Ausnahme des § 42a ausgenommene Waffen

1. **Schusswaffen** (Anlage 1 Abschnitt 1 Unterabschnitt 1 Nr. 1.1, ausgenommen Blasrohre),

a) die **zum Spiel bestimmt** sind, wenn aus ihnen nur Geschosse verschossen werden können, denen eine Bewegungsenergie von nicht mehr als 0,5 Joule (J) erteilt wird, es sei denn, sie können mit allgemein gebräuchlichen Werkzeugen so geändert werden, dass die Bewegungsenergie der Geschosse über 0,5 Joule (J) steigt, **oder**

b) die **Spielzeuge** im Sinne von Artikel 2 Absatz 1 der Richtlinie 2009/48/EG des Europäischen Parlaments und des Rates vom 18. Juni 2009 über die Sicherheit von Spielzeug (ABl. L 170 vom 30.6.2009, S. 1) sind, wenn sie

aa) die Anforderungen nach Artikel 10 in Verbindung mit Anhang II Abschnitt I Nummer 8 der Richtlinie 2009/48/EG in der jeweils geltenden Fassung erfüllen und

ab) die nach Artikel 16 Absatz 1 der Richtlinie 2009/48/EG **erforderliche Kennzeichnung** aufweisen.

2. Schusswaffen (Anlage 1 Abschnitt 1 Unterabschnitt 1 Nr. 1.1), bei denen feste Körper **durch Muskelkraft ohne Möglichkeit der Speicherung** der so eingebrachten Antriebsenergie durch eine Sperrvorrichtung angetrieben werden (z. B. Blasrohre).

3. Gegenstände, die **zum Spiel bestimmt** sind, wenn mit ihnen nur Zündblättchen, -bänder, -ringe (Amorces) oder Knallkorken abgeschossen werden können, es sei denn, sie können mit **allgemein gebräuchlichen Werkzeugen** in eine Schusswaffe oder einen anderen einer Schusswaffe gleichstehenden Gegenstand umgearbeitet werden.

4. **Nachbildungen** von Schusswaffen nach Anlage 1 Abschnitt 1 Unterabschnitt 1 Nr. 6.

5.2. Allgemeine Waffengesetz-Verordnung (AWaffV)

§ 6 Vom Schießsport ausgeschlossene Schusswaffen

(1) Vom sportlichen Schießen sind ausgeschlossen:

1. **Kurzwaffen** mit einer Lauflänge von weniger als 7,62 Zentimeter (drei Zoll) Länge;

2. **halbautomatische Schusswaffen**, die ihrer **äußeren Form** nach den **Anschein einer vollautomatischen Kriegswaffe** hervorrufen, die Kriegswaffe im Sinne des Gesetzes über die Kontrolle von Kriegswaffen ist, **wenn**

a) die **Lauflänge** weniger als 40 Zentimeter beträgt,

b) das **Magazin** sich **hinter der Abzugseinheit** befindet (so genannte Bul-Pup-Waffen)

oder

c) die **Hülsenlänge** der verwendeten Munition **bei Langwaffen** weniger als 40 Millimeter beträgt;

3. **halbautomatische Langwaffen** mit einem **Magazin**, das eine **Kapazität von mehr als zehn Patronen** hat.

(2) Das Verbot des Schießsports mit Schusswaffen und Munition im Sinne der Anlage 2 Abschnitt 1 des Waffengesetzes bleibt unberührt.

(3) Das Bundesverwaltungsamt kann auf Antrag eines anerkannten Schießsportverbandes Ausnahmen von den Verboten des Absatzes 1 zulassen, insbesondere wenn es sich um in national oder international bedeutenden Schießsportwettkämpfen verwendete Schusswaffen handelt.

(4) Zuständige Behörde für die Beurteilung der Schusswaffen nach Absatz 1 ist das Bundeskriminalamt.

§ 7 Unzulässige Schießübungen im Schießsport

(1) Im Schießsport sind die Durchführung von Schießübungen in der Verteidigung mit Schusswaffen (§ 22) und solche Schießübungen und Wettbewerbe verboten, bei denen

1. das Schießen aus Deckungen heraus erfolgt,

2. nach der Abgabe des ersten Schusses Hindernisse überwunden werden,

3. das Schießen im deutlich erkennbaren Laufen erfolgt,

4. das schnelle Reagieren auf plötzlich und überraschend auftauchende, sich bewegende Ziele gefordert wird,

a) ausgenommen das Schießen auf Wurf- und auf laufende Scheiben,

b) es sei denn, das Schießen erfolgt entsprechend einer vom Bundesverwaltungsamt genehmigten Sportordnung,

5. das Überkreuzziehen von mehr als einer Waffe (Cross Draw) gefordert wird,

6. Schüsse ohne genaues Anvisieren des Ziels (Deutschüsse) abgegeben werden, ausgenommen das Schießen auf Wurfscheiben, oder

7. der Ablauf der Schießübung dem Schützen vor ihrer Absolvierung nicht auf Grund zuvor festgelegter Regeln bekannt ist.

Die Veranstaltung der in Satz 1 genannten Schießübungen und die Teilnahme als Sportschütze an diesen sind verboten.

(2) Das Verbot von Schießübungen des kampfmäßigen Schießens (§ 15 Abs. 6 Satz 2 des Waffengesetzes) und mit verbotenen oder vom Schießsport ausgeschlossenen Schusswaffen oder Teilen von Schusswaffen (§ 6), soweit nicht eine Ausnahme nach § 6 Abs. 3 erteilt ist, bleibt unberührt.

(3) Die Ausbildung und das Training im jagdlichen Schießen einschließlich jagdlicher Schießwettkämpfe werden durch die vorstehenden Regelungen nicht beschränkt.

§ 13 Aufbewahrung von Waffen oder Munition

(1) Schusswaffen, deren Erwerb und Besitz erlaubnispflichtig sind, verbotene Waffen und verbotene Munition sind ungeladen und in einem Behältnis aufzubewahren, das

1. mindestens der Norm DIN/EN 1143-1 (Stand Mai 1997, Oktober 2002, Februar 2006, Januar 2010 oder Juli 2012) mit dem in Absatz 2 geregelten Widerstandsgrad und Gewicht entspricht und

2. zum Nachweis dessen über eine Zertifizierung durch eine akkreditierte Stelle gemäß Absatz 10 verfügt.

Der in Satz 1 Nummer 1 genannten Norm gleichgestellt sind Normen eines anderen Mitgliedstaates des Übereinkommens über den Europäischen Wirtschaftsraum, die das gleiche Schutzniveau aufweisen. Die zuständige Behörde kann eine andere gleichwertige Aufbewahrung der Waffen und Munition zulassen. Vergleichbar gesicherte Räume sind als gleichwertig anzusehen. Alternative Sicherungseinrichtungen, die keine Behältnisse oder Räume sind, sind zulässig, sofern sie

1. ein den jeweiligen Anforderungen mindestens gleichwertiges Schutzniveau aufweisen und

2. zum Nachweis dessen über eine Zertifizierung durch eine akkreditierte Stelle gemäß Absatz 10 verfügen.

(2) Wer Waffen oder Munition besitzt, hat diese **ungeladen** und unter Beachtung der folgenden Sicherheitsvorkehrungen und zahlenmäßigen Beschränkungen aufzubewahren:

1. mindestens in einem verschlossenen Behältnis: Waffen oder Munition, deren Erwerb von der Erlaubnispflicht freigestellt ist;

2. mindestens in einem Stahlblechbehältnis ohne Klassifizierung mit Schwenkriegelschloss oder einer gleichwertigen Verschlussvorrichtung oder in einem gleichwertigen Behältnis: Munition, deren Erwerb nicht von der Erlaubnispflicht freigestellt ist;

3. in einem Sicherheitsbehältnis, das mindestens der Norm DIN/EN 1143-1 Widerstandsgrad 0 (Stand Mai 1997, Oktober 2002, Februar 2006, Januar 2010 oder Juli 2012) entspricht und bei dem das Gewicht des Behältnisses 200 Kilogramm unterschreitet:

a) eine unbegrenzte Anzahl von Langwaffen und insgesamt bis zu fünf nach Anlage 2 Abschnitt 1 Nummer 1.1 bis 1.2.3 und 1.2.5 des Waffengesetzes verbotene Waffen und Kurzwaffen (Anlage 1 Abschnitt 1 Unterabschnitt 1 Nummer

2.5 des Waffengesetzes), für deren Erwerb und Besitz es ihrer Art nach einer Erlaubnis bedarf, und

b) zusätzlich eine unbegrenzte Anzahl nach Anlage 2 Abschnitt 1 Nummer 1.2.4 bis 1.2.4.2 und 1.3 bis 1.4.4 des Waffengesetzes verbotener Waffen sowie

c) zusätzlich Munition;

4. in einem Sicherheitsbehältnis, das mindestens der Norm DIN/EN 1143-1 Widerstandsgrad 0 (Stand Mai 1997, Oktober 2002, Februar 2006, Januar 2010 oder Juli 2012) entspricht und bei dem das Gewicht des Behältnisses mindestens 200 Kilogramm beträgt:

a) eine unbegrenzte Anzahl von Langwaffen und bis zu zehn nach Anlage 2 Abschnitt 1 Nummer 1.1 bis 1.2.3 und 1.2.5 des Waffengesetzes verbotene Waffen und Kurzwaffen (Anlage 1 Abschnitt 1 Unterabschnitt 1 Nummer 2.5 des Waffengesetzes), für deren Erwerb und Besitz es ihrer Art nach einer Erlaubnis bedarf, und

b) zusätzlich eine unbegrenzte Anzahl nach Anlage 2 Abschnitt 1 Nummer 1.2.4 bis 1.2.4.2 und 1.3 bis 1.4.4 des Waffengesetzes verbotener Waffen sowie

c) zusätzlich Munition;

5. in einem Sicherheitsbehältnis, das mindestens der Norm DIN/EN 1143-1 Widerstandsgrad I (Stand Mai 1997, Oktober 2002, Februar 2006, Januar 2010 oder Juli 2012) entspricht:

a) eine unbegrenzte Anzahl von Lang- und Kurzwaffen (Anlage 1 Abschnitt 1 Unterabschnitt 1 Nummer 2.5 des Waffengesetzes), für deren Erwerb und Besitz es ihrer Art nach einer Erlaubnis bedarf,

b) eine unbegrenzte Anzahl nach Anlage 2 Abschnitt 1 Nummer 1.1 bis 1.4.4 des Waffengesetzes verbotener Waffen sowie

c) Munition.

(3) Bei der Bestimmung der Zahl der Waffen, die nach Absatz 2 in einem Sicherheitsbehältnis aufbewahrt werden dürfen, bleiben außer Betracht:

1. **wesentliche Teile von Schusswaffen und Schalldämpfer** nach Anlage 1 Abschnitt 1 Unterabschnitt 1 Nummer 1.3 bis 1.3.4 des Waffengesetzes,

2. **Vorrichtungen** nach Anlage 2 Abschnitt 1 Nummer 1.2.4.1 des Waffengesetzes, **die das Ziel beleuchten oder markieren**, und

3. **Nachtsichtgeräte, -vorsätze und -aufsätze sowie Nachtzielgeräte** nach Anlage 2 Abschnitt 1 Nummer 1.2.4.2 des Waffengesetzes.

Satz 1 Nummer 1 gilt nur, sofern die zusammen aufbewahrten wesentlichen Teile **nicht zu einer schussfähigen Waffe zusammengefügt** werden können.

(4) In einem **nicht dauernd bewohnten Gebäude** dürfen **nur bis zu drei Langwaffen**, zu deren Erwerb und Besitz es einer Erlaubnis bedarf, aufbewahrt werden. Die Aufbewahrung darf nur in einem mindestens der Norm DIN/EN 1143-1 Widerstandsgrad I entsprechenden Sicherheitsbehältnis erfolgen. Die zuständige Behörde kann Abweichungen in Bezug auf die Art oder Anzahl der aufbewahrten Waffen oder das Sicherheitsbehältnis auf Antrag zulassen.

(5) Die zuständige Behörde kann auf Antrag bei einer **Waffen- oder Munitionssammlung** unter Berücksichtigung der Art und der Anzahl der Waffen oder der Munition und ihrer Gefährlichkeit für die öffentliche Sicherheit und Ordnung von den Vorgaben der Absätze 1, 2 und 4 insbesondere unter dem Gesichtspunkt der Sichtbarkeit zu Ausstellungszwecken abweichen und dabei geringere oder höhere Anforderungen an die Aufbewahrung stellen; bei Sammlungen von Waffen, deren Modell vor dem 1. Januar 1871 entwickelt worden ist, und bei Munitionssammlungen soll sie geringere Anforderungen stellen. Dem Antrag ist ein Aufbewahrungskonzept beizugeben.

(6) Die zuständige Behörde kann auf Antrag von Anforderungen an Sicherheitsbehältnisse, Waffenräume oder alternative Sicherungseinrichtungen nach den Absätzen 1 und 2 absehen, wenn ihre Einhaltung unter Berücksichtigung der Art und der Anzahl der Waffen und der Munition und ihrer Gefährlichkeit für die öffentliche Sicherheit und Ordnung **eine besondere Härte** darstellen würde. In diesem Fall hat sie die niedrigeren Anforderungen festzusetzen.

(7) Bestehen begründete Zweifel, dass Normen anderer EWR-Mitgliedstaaten im Schutzniveau den in den Absätzen 1 und 2 genannten Normen gleichwertig sind, kann die Behörde vom Verpflichteten die Vorlage einer Stellungnahme insbesondere des Deutschen Instituts für Normung verlangen.

(8) Die **gemeinschaftliche Aufbewahrung** von Waffen oder Munition durch berechtigte Personen, die in einer **häuslichen Gemeinschaft** leben, ist zulässig.

(9) Bei der **vorübergehenden Aufbewahrung** von Waffen im Sinne des Absatzes 1 Satz 1 oder des Absatzes 2 oder von Munition außerhalb der Wohnung, insbesondere im Zusammenhang mit der Jagd oder dem sportlichen Schießen, hat der Verpflichtete die Waffen oder Munition unter angemessener Aufsicht aufzubewahren oder durch sonstige erforderliche Vorkehrungen gegen Abhandenkommen oder unbefugte Ansichnahme zu sichern, wenn die Aufbewahrung gemäß den Anforderungen des Absatzes 1 und 2 nicht möglich ist.

(10) (nicht abgedruckt)

6. Die Antworten

Die auf den folgenden Seiten aufgeführten Antworten sind Vorschläge. Sie sind als Übender gefordert, Ihre eigene Antwort kritisch zu prüfen. Werten Sie darum eine Frage nur dann als „korrekt beantwortet", wenn Sie davon überzeugt sind, Frage und Antwort vollständig verstanden zu haben. Im Zweifel schlagen Sie Ihr Lehrbuch auf und leiten Sie die Antwort aus dem dort Geschriebenen ab.

Hinweis zu nachfolgend benannten waffengesetzlichen Fundstellen: Der Ausdruck „A1" steht für „Abschnitt 1", „UA1" für „Unterabschnitt 2". Auf ein vollständiges Ausschreiben der vollständigen Begriffe wurde in diesem Kapitel bewusst verzichtet.

1

§ 1 Abs. 2 WaffG - lernen Sie die dortige Definition.

2

Nein, nicht in jedem Falle. Ein Messer ist eine Waffe, wenn es dazu bestimmt ist, die Angriffs- oder Abwehrfähigkeit eines Menschen herabzusetzen oder zwar nicht dazu bestimmt, aber dafür geeignet ist und im Gesetz (genauer: Anlage 1 WaffG) genannt ist.

3

SRS steht als Abkürzung für die Anfangsbuchstaben der Begriffe Schreckschusswaffe, Reizstoffwaffe und Signalwaffe. Als „SRS-Waffen" werden insbesondere solche Schreckschuss-, Reizstoff- und Signalwaffen bezeichnet, die das Kennzeichen „PTB im Kreis" tragen. Sie sind keine Schusswaffen, aber den Schusswaffen gleichgestellte Gegenstände.

4

Ein Kampfmesser ist dazu bestimmt, die Angriffs- oder Abwehrfähigkeit eines Menschen herabzusetzen. Es ist darum Waffe im Sinne des WaffG.

5

Der Umgang mit Butterfly-Messern ist verboten.

6

Der Umgang mit dieser Waffe ist verboten, ich darf sie also beispielsweise nicht besitzen oder sie einem anderen überlassen.

7

Nein, es sei denn, ich besitze eine Ausnahmegenehmigung des Bundeskriminalamts oder bin durch eine gesetzliche Regelung freigestellt.

8

Der Jäger ist durch eine gesetzliche Regelung (§ 40 Abs. 3 WaffG) vom Verbot des Umgangs mit einem Faustmesser freigestellt. Er muss lediglich beachten, dass dieses Messer in einem dafür zugelassenen Waffenschrank aufbewahrt werden muss.

9

Es sind verbotene Waffen.

10

Einhandmesser sind Messer mit einer einhändig feststellbaren Klinge.

11

Anderer Begriff für das Faltmesser, auch „Butterfly-Messer" genannt.

12

Die Waffenliste ist die Anlage 2 des WaffG.

13

Ja.

14

Lesen Sie die Antwort in Anlage 1 Abschnitt 1 Unterabschnitt 1 Nr. 1.1 WaffG im Original nach und lernen Sie die dortige Definition.

15

Nein.

16

Sie müssen einen Antrag auf Erteilung einer Erlaubnis zum Erwerb bei der zuständigen Waffenbehörde stellen.

17

Springmesser sind durch Nennung in der Anlage 1 Waffen im Sinne des Waffengesetzes. Sie sind nach Anlage 2 WaffG auch verbotene Waffen, ausgenommen solche Springmesser, bei denen die Klinge seitlich aus dem Griff herausspringt und der aus dem Griff herausragende Teil der Klinge höchstens 8,5 cm lang ist und nicht zweiseitig geschliffen ist, soweit ein berechtigtes Interesse besteht, das eine einhändige Nutzung erforderlich macht, zB als Segler oder Bergsteiger, oder der Umgang im Zusammenhang mit der Berufsausübung erfolgt, beispielsweise als Händler oder Hersteller.

Springmesser sind zugleich auch Einhandmesser.

Hieb- und Stoßwaffe ist ein Springmesser nur dann, wenn der Hersteller es dazu bestimmt hat, unter unmittelbarer Ausnutzung der Muskelkraft eines Menschen zu verletzen.

18

Der Erwerb ist erlaubnisfrei möglich, wenn die Schusswaffe, für die dieser Lauf bestimmt ist, bereits in der WBK des Erwerbers eingetragen ist. Der Erwerb ist binnen zwei Wochen der zuständigen Behörde anzuzeigen und die WBK zur Korrektur vorzulegen.

19

Magazine für Randfeuerpatronen sind Waffen im Sinne des Waffengesetzes. Sie unterfallen aber auch bei hoher Kapazität nicht den Verboten für high-capacity-Magazine, da sie keine Zentralfeuerpatronen aufnehmen – die Regelungen für verbotene Magazine gelten nur für Magazine für Zentralfeuerpatronen.

20

Es muss, entweder durch die Ausmaße des Grundstücks, durch bauliche Maßnahmen oder den Standort bei der Schussabgabe sichergestellt sein, dass das Geschoss das befriedete Besitztum nicht verlassen kann. Sie dürfen die Waffe nicht an den Jugendlichen überlassen, da für den Erwerb ein Mindestalter von 18 Jahren erforderlich ist.

21

Ja, da ein Pressling Munition im Sinne des WaffG ist.

22

Ja, wenn die gelbe WBK für Sportschützen nach dem 1. April 2003 ausgestellt wurde.

23

Schalldämpfer sind wie die Schusswaffe zu behandeln, für die sie bestimmt sind.

24

Lesen Sie die Antwort in § 1 Abs. 3 WaffG im Original nach und lernen Sie die dortige Definition.

25

Der Tatbestand des „Handelns“ wird in diesem Falle erfüllt, denn es handelt sich um ein auf Dauer angelegtes gewerbliches Handeln mit Gewinnerzielungsabsicht. Zwar sind bestimmte Gasrevolver (SRS-Waffen mit Kennzeichen „PTB im Kreis“) erlaubnisfrei, dies bezieht sich aber nur auf den Erwerb und Besitz, nicht aber auf das Handeln oder die Herstellung. Somit verstößt auch ein Handeln mit erlaubnisfrei erwerbbaren SRS-Waffen ohne entsprechende behördliche Waffenhandelserlaubnis gegen das Waffengesetz.

26

Das ist problemlos möglich. Die „WBK für Sportschützen“, die als „gelbe WBK“ bezeichnet wird, erlaubt den Erwerb ohne vorher zu stellenden Voreintrag, allerdings nur für bestimmte Arten von Schusswaffen. Die „grüne WBK“ dagegen erlaubt mit entsprechendem Voreintrag den Erwerb jeglicher Arten von Schusswaffen. Darum kann es sein, dass ein Sportschütze beide WBKs besitzt.

27

18 Jahre.

28

Ja, da ein Tierabwehrspray keine Waffe im Sinne des WaffG ist.

29

Keine, die Überlassung einer Schusswaffe ist grundsätzlich erlaubnisfrei.

30

Ja, das ist zulässig – denn § 12 Abs. 1 Nr. 5 WaffG erlaubt den Erwerb ohne eine besondere Erlaubnis, wenn er „lediglich vorübergehend zum Schießen auf dieser Schießstätte“ erfolgt. Damit ist die Überlassung gestattet - der Überlasser muss die Berechtigung des Erwerbers prüfen, und die besteht, weil dieser Erwerb erlaubnisfrei ist.

31

Lauf (auch Gaslauf), Patronenlager, Verschluss, Gehäuse.

32

Nur dann, wenn die Munitionserwerbserlaubnis für dieses Kaliber in der WBK eingetragen wurde (in der Regel bei diesem Austauschlauf).

33

Höchstens 7,5 Joule.

34

14 Jahre.

35

18 Jahre.

36

Nein. Mit dem Kleinen Waffenschein dürfen nur SRS-Waffen geführt werden, und als SRS-Waffen müssen diese Gegenstände die Kennzeichnung „PTB im Kreis" tragen oder den Vorschriften eines anderen Mitgliedsstaats entsprechen. Voraussetzung für den Erwerb: WBK.

37

Keines, da dieses Mittel keine Waffe im Sinne des WaffG ist.

38

Nein. Mit dem Kleinen Waffenschein dürfen nur SRS-Waffen geführt werden, und als SRS-Waffen müssen diese Gegenstände die Kennzeichnung „PTB im Kreis" tragen oder den Vorschriften eines anderen Mitgliedsstaats entsprechen.

39

Das Prüfzeichen „R im Trapez“ (teilweise auch: „BKA-Raute“).

40

Totschläger, Butterfly-Messer, Schießkugelschreiber, Nunchaku, Wurfstern, Faustmesser und weitere (siehe Anlage 2 Abschnitt 1 WaffG).

41

Eine Waffe führt, wer die tatsächliche Gewalt darüber außerhalb der eigenen Wohnung, Geschäftsräume, des eigenen befriedeten Besitztums oder einer Schießstätte ausübt.

42

Das ist grundsätzlich verboten, Ausnahmen gelten beispielsweise beim Führen in einem verschlossenen Behältnis oder zur Berufsausübung.

43

Nein, da es von den Vorschriften zur Aufbewahrung ausgenommen ist.

44

Nein.

45

Wer die tatsächliche Gewalt über die Waffe einem anderen einräumt.

46

Nein, da ein Verkauf nur ein Rechtsgeschäft ist.

47

Eine Waffe besitzt, wer die tatsächliche Gewalt darüber ausübt.

48

Nein, der Umgang mit Schusswaffen ist außerhalb von schießsportlichen Aktivitäten im Verein erst ab 18 Jahren erlaubt.

49

Die Zuverlässigkeit beschreibt die juristisch bewertbare Vergangenheit und Prognose einer Person.

50

Die Persönliche Eignung beschreibt die körperliche und geistige Eignung einer Person zum Umgang mit Waffen oder Munition.

51

Ja, da es sich um eine vorsätzliche Straftat handelt.

52

Innerhalb von sechs Monaten vor dem Erwerb einer Schusswaffe darf ein Sportschütze nicht mehr als eine andere Schusswaffe erworben haben.

53

Die Waffe ist im kürzesten, bestimmungsgemäß verwendbaren Zustand länger als 60 cm, und Lauf und Verschluss zusammen sind in geschlossener Stellung länger als 30 cm. Beide Kriterien müssen erfüllt sein.

54

Kurzwaffe

55

Die Waffe ist im kürzesten bestimmungsgemäß verwendbaren Zustand, also mit eingeklapptem Schaft, zu messen.

56

Der Lauf ist ein aus einem ausreichend festen Werkstoff bestehender rohrförmiger Gegenstand, der Geschossen, die hindurchgetrieben werden, ein gewisses Maß an Führung gibt, wobei dies in der Regel als gegeben anzusehen ist, wenn die Länge des Laufteils, der die Führung des Geschosses bestimmt, mindestens das Zweifache des Kalibers beträgt.

57

Das Bedürfnis ist ein besonders anzuerkennendes Interesse in wirtschaftlicher oder persönlicher Hinsicht, mit Waffen oder Munition Umgang zu haben.

58

Nachzuweisen sind Mindestalter, Zuverlässigkeit, Persönliche Eignung, Sachkunde, Bedürfnis und die Möglichkeit zur sicheren Aufbewahrung.

59

Siehe § 14 WaffG. Das sogenannte „Sportschützenkontingent" umfasst drei halbautomatische Langwaffen sowie zwei Kurzwaffen für Patronenmunition.

60

Da die Schlüssel den Zugriff auf die in diesem Behälter befindlichen Waffen ermöglichen, müssen Sie sicher aufbewahrt werden, so dass Unbefugte keinen Zugriff erlangen können. Diese Forderung ist grundsätzlich erfüllt, wenn die Schlüssel außerhalb der Sicht- und Griffweite des Behälters versteckt werden. Allerdings stellt die Rechtsprechung hohe Anforderungen an die Qualität des Verstecks; teilweise lehnen Waffenbehörden Schlüsselschlösser als nicht zulässig ab.

61

Lesen Sie die Definitionen in der Anlage 1 A1 UA 3 Nr. 1 WaffG, insbesondere von Patronenmunition und Kartuschenmunition.

62

Der Verlust ist der zuständigen Behörde unverzüglich anzuzeigen.

63

Die WBK erlaubt den Besitz der eingetragenen Waffen und Munition.

64

Nur dann, wenn das dafür vorgesehene Feld zur Waffe gesiegelt ist.

65

Sportschütze, Jäger, Sammler, Sachverständiger, Tierbetäuber, Bewacher, Brauchtumsschütze, gefährdete Person.

66

§ 6 AWaffV.

67

Ja.

68

Nein, die Magazingröße für halbautomatische Langwaffen ist im sportlichen Schießen auf maximal 10 Patronen begrenzt.

Hinweis: Das Magazin selbst ist nicht verboten, da nur Magazine für Zentralfeuerpatronen dem Verbot für große Magazine unterfallen.

69

Nein.

70

WBK grün, gelb oder rot; Waffenschein blau.

71

Zwei Wochen.

72

Ein Waffenschein erlaubt nicht den Erwerb einer Waffe.

73

Die Aufsichtsperson muss die erforderliche Sachkunde haben.

74

Nein.

75

Unverzüglich.

76

Der waffenrechtliche Begriff „Schießen" nach Anlage 1 A2 WaffG ist auf die Armbrust nicht anwendbar, da es sich bei der Armbrust nicht um eine Schusswaffe handelt. Gleichwohl gelten für die Verwendung der Armbrust die gleichen Regeln wie für das Schießen mit Schusswaffen, da die Armbrust Schusswaffen gleichgestellt wird. Somit bedarf das Verwenden der Armbrust grundsätzlichen der Erlaubnis.

77

In Form von Feststellungsbescheiden.

78

Sie erlaubt den Erwerb bestimmter Waffenarten und der Munition für die in ihr eingetragenen Schusswaffen ohne vorherige behördliche Erlaubnis und dient so dem erleichterten Erwerb für Sportschützen.

79

- Einschüssige Pistolen für Patronen-Munition
- Mehrschüssige Perkussionswaffen
- Einzellader-Langwaffen
- Repetier-Langwaffen mit gezogenem Lauf

80

Ja, für die in ihr eingetragenen Schusswaffen.

81

Ja, mit einem Munitionserwerbsschein oder auf einer Schießstätte zum sofortigen und vollständigen Verbrauch auf dieser Schießstätte. Ebenfalls möglich ist der Erwerb von Langwaffenmunition mit einem Jagdschein.

82

Munitionserwerbsschein

83

Diese Arbeit darf nur von einer dazu befugten Person durchgeführt werden. Das setzt in der Regel eine Herstellungserlaubnis für Waffen voraus. Die Waffe ist danach dem Beschussamt zur Prüfung vorzulegen.

84

Diese Waffe kann eine verbotene Schusswaffe (mehrschüssige Kurzwaffe für Zentralfeuerpatronen unter 6,3 mm), siehe Anlage 2 A1 Nr. 1.2.5 WaffG) sein.

85

Schüsse ohne genaues Anvisieren des Ziels (Deutschüsse) sind im sportlichen Schießen nur auf Wurftauben erlaubt.

86

Leihe ist der Erwerb und vorübergehende Besitz einer Schusswaffe für bis zu einem Monat durch den Inhaber einer WBK zum Zwecke der bedürfnisgebundenen Verwendung.

87

Die Leihe ist auf einen Monat beschränkt, die Überlassung zu dokumentieren.

88

Die geliehene Waffe darf verwendet werden. Die Verwahrung beschränkt sich auf die sichere Aufbewahrung, eine Nutzung durch den Verwahrer ist nicht zulässig.

89

Ein Jahr.

90

Der Voreintrag besteht aus den Angaben „Art der Waffe“, „Kaliber“ und „Frist für den Erwerb“ sowie dem Dienstsiegel der Behörde. Der Voreintrag in der WBK berechtigt zum Erwerb einer Waffe der hier bezeichneten Art bis zum angegebenen Zeitpunkt.

91

Das darf nur die zuständige Behörde.

92

Der Verlust ist der zuständigen Behörde unverzüglich anzuzeigen.

93

Der zuständigen (ihrer) Waffenbehörde.

94

Nein, sie ist ein den Schusswaffen gleichgestellter Gegenstand.

95

Ja, der Voreintrag berechtigt zum Erwerb und Besitz dieser Schusswaffe.

96

PTB im Kreis. Es sind auch Zeichen anderer Mitgliedsstaaten anzuerkennen, so dass nicht ausschließlich „PTB im Kreis" als Voraussetzung die Freistellung von Erlaubnispflicht für Erwerb und Besitz ermöglicht.

97

Die Überlassung ist unzulässig. Ausgenommen ist die Überlassung zur Vernichtung an einen Berechtigten oder zum Beschuss.

98

Personalausweis/Reisepass und Waffenschein; Bewacher zusätzlich spezielle Dienstanweisung des Unternehmers und Waffentrageerlaubnis.

99

Nein.

100

Sie ist erlaubnisfrei.

101

Bis zu drei Jahre.

102

Zweimal.

103

Das Waffengesetz sieht einen Tausch nicht vor. Es wäre also ein Antrag auf Erwerbserlaubnis zu stellen.

104

Die Leihe (vorübergehender Erwerb und Besitz zur Verwendung) ist für bis zu einem Monat erlaubnisfrei möglich, wenn der Erwerber im Besitz einer WBK ist. Beachten Sie: Ein gültiger Jahresjagdschein steht nur im Zusammenhang mit Langwaffen der WBK gleich, somit ist die Leihe einer Kurzwaffe auch nur einem Jäger mit gültiger WBK möglich.

105

Wenn der Sportschütze die neue Waffe gleich an sich nehmen will, handelt es sich um einen erlaubnispflichtigen Erwerb. Dieser ist ohne Voreintrag nicht zulässig, so dass die Waffe nicht überlassen werden darf.

106

Nein, denn auch die Vermittlung einer Waffe ist Waffenhandel im Sinne des WaffG und damit erlaubnispflichtig.

107

Waffenschein.

108

Ja, wenn er einen Waffenschein für diese Waffe besitzt.

109

Das Blasrohr erfüllt zwar die Definition einer Schusswaffe, wird aber nach Anlage 2 A3 UA2 WaffG vom Waffengesetz und damit der Einordnung als Schusswaffe ausgenommen. Das Narkosegewehr ist dagegen Schusswaffe.

110

Der Lauf muss gemäß § 6 AWaffV eine Mindestlänge von 3 Zoll haben, das entspricht 7,62 cm.

111

Ein Magazin ist kein wesentliches Teil. Magazine sind aber Waffen im Sinne des WaffG.

112

Nein, der Kleine Waffenschein erlaubt nur das Führen von SRS-Waffen. Um eine Salutwaffe führen zu dürfen, benötigt man einen Waffenschein.

113

Der Schalldämpfer ist der Schusswaffe gleichgestellt, für die er bestimmt ist. Damit ist er Waffe im Sinne des WaffG, aber nicht wesentliches Teil.

114

Patronenmunition enthält ein Geschoss, Kartuschenmunition („Platzpatrone") nicht.

115

Kartuschenmunition („Platzpatronen") ist nur dann von der Erlaubnispflicht befreit, wenn sie für SRS-Waffen, Salutwaffen oder Schussapparate bestimmt ist. Sonstige Kartuschenmunition ist erlaubnispflichtig.

116

Eine Nachbildung war nie eine Schusswaffe, eine unbrauchbar gemachte Schusswaffe ist dagegen aus einer Schusswaffe durch Unbrauchbarmachung entstanden.

117

Bereits bei Beantragung der Erlaubnis zum Erwerb.

118

Waffenschein und Schießerlaubnis.

119

Eine Erlaubnis ist nicht erforderlich. Sie sind lediglich verpflichtet zu prüfen, ob die Person, der Sie die Waffe überlassen wollen, zum Erwerb berechtigt ist.

120

Ein konkreter Zeitraum ist durch das Gesetz nicht vorgegeben. Der Besitz darf nur vorübergehend erfolgen, somit muss ein Ende der Verwahrung und damit eine Rückgabe an den Überlasser der Waffe absehbar sein.

121

Auf Kriegswaffen im Sinne des Kriegswaffenkontrollgesetzes ist ausschließlich das Kriegswaffenkontrollgesetz anzuwenden, nicht das Waffengesetz.

122

21 Jahre.

123

Einsätze sind zum Verschießen von Munition kleinerer Abmessungen bestimmt und an die Innenmaße des Patronenlagers einer Schusswaffe angepasst. Sie werden auch als „Reduzierhülsen" bezeichnet.

124

Munition darf gewerblich nur in der kleinsten Verpackungseinheit überlassen werden, in der sie durch den Hersteller ausgeliefert wurde, damit der Schütze anhand des Prüfzeichens erkennen kann, dass diese Munition geprüft wurde.

125

Vorsicht, Fangfrage! Der Finder hat grundsätzlich unverzüglich den Fund der zuständigen Behörde anzuzeigen. Ein Sportschütze hat, auch wenn er eine WBK für Sportschützen besitzt, die ihm den Erwerb von Einzellader-Langwaffen im glatten Läufen erlaubt, keine Berechtigung, die Fundwaffe länger an sich zu nehmen und zu besitzen, als es zur Pflicht der Meldung und in der Regel darauf folgenden Überlassung an die Behörde erforderlich ist.

126

Der Zugriff von Unbefugten ist zu verhindern.

127

Anders als eine Waffe kann Munition nicht geführt werden. Darum gelten die Regeln zum erlaubnisfreien Führen nicht für Munition, sie darf somit während des Transports für den Berechtigten auch zugriffsbereit sein.

128

Ja, das Waffengesetz sieht in diesem Falle eine Ausnahme vor (siehe § 12 Abs. 1 Nr. 3 Buchst. b WaffG).

129

Schusswaffen sollten grundsätzlich in einem verschlossenen Behältnis transportiert werden, da in diesem Falle die gesetzliche Forderung, dass die Waffe <u>nicht zugriffsbereit</u> sein darf, immer erfüllt wird. Die Regeln zum erlaubnisfreien Führen gelten aber nicht für Munition, da diese nicht „geführt" werden kann, somit ist dafür kein Behältnis erforderlich.

130

Nein. Das Gebot der Trennung bezieht sich nur darauf, dass die Waffe nicht schussbereit sein darf. Dies bedeutet nur, dass sich keine Munition in der Waffe befinden darf.

131

Das ist zulässig. Magazine sind nicht dazu bestimmt oder geeignet, allein aus sich heraus Munition abzuschießen oder Geschosse zu verschießen. Eine ausdrückliche Regelung, dass Magazine entleert zu transportieren sind, ist dem Gesetz nicht zu entnehmen.

132

Nur der Inhaber einer WBK. (Ausnahme: gewerblicher Transport)

133

Nein.

134

Da Sie dafür verantwortlich sind, dass Unbefugte nicht auf die Waffe zugreifen können, sind die Maßnahmen zu ergreifen, die zumutbar sind und gewährleisten, dass nach allgemeiner Lebenserfahrung ein Zugriffsversuch nicht erfolgreich sein wird. Ausreichend wäre beispielsweise der Transport des Waffenkoffers im separat verschlossenen Kofferraum.

135

Ja, da die Waffe nur geladen wäre, wenn das gefüllte Magazin in die Waffe eingeschoben ist.

136

Der private Transport setzt bei dem Transportierenden eine WBK voraus.

137

Zehn Langwaffen

(Ergänzender Hinweis: nach geltendem Waffenrecht ist eine Aufbewahrung in A- oder B-Schränken nur noch Altbesitzern gestattet oder bei gemeinschaftlicher Aufbewahrung mit einem Altbesitzer)

138

Mindestens WG 0 nach DIN/EN 1143-1 Stand Mai 1997 *(bei Altbesitz vor dem 6.7.2017 ebenfalls möglich: Kurzwaffen in „Jägerschrank“, Waffenschrank Stufe A mit Innenschrank Stufe B).*

139

Nein. Nur berechtigte Personen dürfen die Zahlenkombination erfahren. Die Tochter ist in diesem Falle keine berechtigte Person.

140

WG I nach DIN/EN 1143-1 Stand Mai 1997

141

Nein, Kurzwaffen dürfen in einem Behälter dieser Stufe nicht aufbewahrt werden. *(Ergänzender Hinweis: nach geltendem Waffenrecht ist eine Aufbewahrung in A- oder B-Schränken nur noch Altbesitzern gestattet und bei gemeinschaftlicher Aufbewahrung mit einem Altbesitzer)*

142

Munition muss mindestens in einem Stahlblechbehältnis mit Schwenkriegelschloss aufbewahrt werden.

143

Nein, das Waffengesetz fordert einen Nachweis der Zertifizierung nach Stand Mai 1995, nicht 1991.

(Ergänzender Hinweis: nach geltendem Waffenrecht ist eine Aufbewahrung in A- oder B-Schränken nur noch Altbesitzern gestattet und bei gemeinschaftlicher Aufbewahrung mit einem Altbesitzer)

144

Ein Behälter der Stufe A mit einem Innenschrank der Stufe B nach VDMA 24992 Stand Mai 1995.

(Ergänzender Hinweis: nach geltendem Waffenrecht ist eine Aufbewahrung in A- oder B-Schränken nur noch Altbesitzern gestattet oder bei gemeinschaftlicher Aufbewahrung mit einem Altbesitzer)

145

Ja, in einem Behälter muss mindestens WG 0 nach DIN/EN 1143-1 Stand Mai 1997 *(bei Altbesitz vor dem 6.7.2017 ebenfalls möglich: Kurzwaffen in „Jägerschrank", Waffenschrank Stufe A mit Innenschrank Stufe B)*

146

Es handelt sich nicht um eine erlaubnispflichtige Schusswaffe, aber um eine Schusswaffe, die von der Erlaubnispflicht freigestellt ist. Sie muss deshalb in einem verschlossenen Behältnis aufbewahrt werden.

147

Es handelt sich nicht um eine erlaubnispflichtige Schusswaffe, aber um eine Waffe, die den Schusswaffen gleichgestellt ist und von der Erlaubnispflicht freigestellt ist. Sie muss deshalb in einem verschlossenen Behältnis aufbewahrt werden.

148

Zulässig, wenn beide Inhaber einer waffenrechtlichen Erlaubnis sind.

149

Das ist zulässig.
Das Füllen des Magazins, ohne es gefüllt in die Waffe einzuschieben, steigert nicht die Gefahr einer unbeabsichtigten Schussabgabe. Auch die Nutzung des B-Innenschranks steht dem nicht entgegen – denn anders als bei einem „normalen" B-Schrank ist die Sonderregelung anzuwenden, wonach bei Verwendung eines Jägerschranks (A-Schrank mit B-Innenschrank) im Innenschrank Waffe und die zu ihr passende Munition gemeinsam aufbewahrt werden dürfen. Allerdings gilt auch hier: Die Waffe darf nur ungeladen aufbewahrt werden, somit keine Munition in der Waffe sein.

Ergänzender Hinweis: Eine ausdrückliche Regelung, wie Magazine aufzubewahren sind, ist dem Gesetz nicht zu entnehmen. Allerdings sind Magazine erlaubnisfreie Waffen und sind darum in leerem Zustand so aufzubewahren, dass Unbefugte diese nicht an sich nehmen können.

150

Außerhalb der eigenen Wohnung kann von Vorschriften zur Aufbewahrung abgewichen werden, insbesondere auf Reisen. Es sind aber die erforderlichen Vorkehrungen zu treffen, dass Schusswaffen oder Munition nicht von Unbefugten an sich genommen werden können. So kann ein wesentliches Teil der Waffe entnommen werden, um die spontane Verwendung durch einen Dieb zu verhindern; das entnommene Teil darf nach § 12 Abs. 3 Nr. 6 erlaubnisfrei geführt werden.

151

Signalpistolen sind wie andere Kurzwaffen aufzubewahren. Somit muss die Aufbewahrung mindestens in einem Behälter des Widerstandsgrads 0 nach EN 1143-1 Stand Mai 1997 oder der Stufe B nach VDMA 24992 Stand Mai 1995 erfolgen.

(Ergänzender Hinweis: nach geltendem Waffenrecht ist eine Aufbewahrung in A- oder B-Schränken nur noch Altbesitzern gestattet und bei gemeinschaftlicher Aufbewahrung mit einem Altbesitzer)

152

Nein. Behälter dieser Art erfüllen nur im Falle von fortgesetztem Altbesitz die gesetzlichen Anforderungen.

153

Die Anzahl der Halterungen ist irrelevant. Art und Höchstzahl von Waffen, die in einem Behältnis aufbewahrt werden dürfen, orientieren sich an den gesetzlichen Regelungen und der Ausführung des Behälters.

154

Eine ausdrückliche Verpflichtung zur Verankerung ergibt sich aus dem Waffengesetz nicht. Die generelle Forderung, Waffen und Munition sicher aufzubewahren, führt im Fall der Wegnahme eines sehr leichten Waffenschranks bei einem Einbruch schnell zur Vermutung einer Sorgfaltsverletzung und damit zur Vermutung der Unzuverlässigkeit.

155

Unbrauchbar gemachte Schusswaffen aus dieser Zeit sind aufzubewahren wie Schusswaffen, die von der Erlaubnispflicht freigestellt sind. Diese „Deko-Waffe" muss im verschlossenen Behältnis aufbewahrt werden.

156

CIP

157

Die Beschussprüfung stellt sicher, dass bei bestimmungsgemäßer Verwendung von einer Waffe keine Gefahr für Benutzer und Dritte ausgeht.

158

Nach materialschwächenden Arbeiten an einem höchstbeanspruchten (wesentlichen) Teil einer Schusswaffe. Das gilt auch für den Austausch eines höchstbeanspruchten Teils.

159

Schweiz, USA

160

Österreich, Spanien

161

Verstärkter Beschuss

162

Schwarzpulver-Beschuss (PN: „poudre noir" (frz.), SP: Schwarzpulver)

163

Ca. 25 bis 30 Prozent höher.

164

Die Waffe ist zunächst einem Beschussamt zur Prüfung vorzulegen und mit einem Prüfzeichen zu versehen.

165

Der Patronenboden ist vollständig gerändelt.

166

Da je Bohrung der Trommel eine Beschusspatrone verschossen wird, entspricht die „Knallzahl" der Kapazität der Revolvertrommel.

167

Da ein höchstbeanspruchtes Waffenteil spanabhebend bearbeitet wurde, ist es zu beschießen.

168

Adler-V (ab 2014: „CIP S") mit zusätzlichem Lilien-Zeichen.

169

Dies ist gesetzlich nicht vorgesehen.

170

Nach fünf Jahren.

171

Notwehr ist die Verteidigung, die erforderlich ist, einen gegenwärtigen, rechtswidrigen Angriff von sich oder einem anderen abzuwehren.

172

Die Notwehr richtet sich gegen den Angriff eines Menschen, die Notstandshandlung gegen andere Gefahren.

173

Vermeintliche Notwehr; objektiv betrachtet lag keine Notwehrsituation vor, subjektiv konnte der Verteidiger aber davon ausgehen, dass die Voraussetzungen der Notwehr gegeben waren.

174

Der Notwehrexzess wird nicht bestraft, wenn die Überschreitung aufgrund von Verwirrung, Furcht oder Schrecken erfolgte.

175

Ja, die Nothilfe ist nicht an eine vorherige Aufforderung zur Hilfe durch das Opfer gebunden.

176

Die Voraussetzungen der Notwehr müssen gegeben sein, zudem muss die Notwehrhandlung geboten sein („Verhältnismäßigkeit der Mittel", „Das Mildeste unter den gleich sicheren Mitteln wählen").

177

Jegliches Rechtsgut kann unter Berufung auf Notwehr vorliegen, wenn seine Verletzung eine Straftat darstellt.

178

Dies ist zulässig, wenn kein milderes Mittel zur Verfügung steht.

179

Der Angriff steht unmittelbar bevor, hat begonnen oder dauert noch an.

180

Ja, etwa im Bürgerlichen Recht und im Ordnungswidrigkeitengesetz.

181

In einen sicheren Kugelfang; in die Luft nur dann, wenn kein sicherer Kugelfang zur Verfügung steht (Gefahr durch herabfallendes Geschoss).

182

Nein, es handelt sich nicht um Notwehr, sondern um Notstandshandlungen, da es sich nicht um einen menschlichen Angriff handelt.

183

Flinten haben glatte Läufe.

184

Der Verschluss schließt das Patronenlager nach hinten ab und stützt den Patronenboden; die Dichtung erfolgt dann durch die sich ausdehnende Hülse.

185

Der Begriff bezeichnet die Ausdehnung der Patronenhülse beim Schuss.

186

Hülse, Zündvorrichtung (Zündhütchen), Ladung und Geschoss.

187

Zug-/Feld-Profil oder Polygon.

188

Der Feld-Durchmesser.

189

Rechts-Links.

190

Der Abzugswiderstand wird durch den Stecher herabgesetzt.

191

Schlagbolzensicherung.

192

Anderer Begriff für den Abzug (Hebel zur Auslösung des Schusses).

193

Anderer Begriff für den Verschluss.

194

Der Kran nimmt die Trommelachse bei einem Revolver mit ausschwenkbarer Trommel auf.

195

Durch die Trommel, deren Kammern Patronenlager und Magazin zugleich sind.

196

Die Laufseele ist der geometrische Mittelpunkt der Laufbohrung.

197

Die Strecke, auf der sich ein Geschoss einmal um die eigene Achse vollständig gedreht hat.

198

Der Stabilisierung der Geschossbahn.

199

Eine Laufverengung, um eine Schrotgarbe in ihrer Form zu verändern.

200

Eine Laufverengung, um eine Schrotgarbe in ihrer Form zu verändern.

201

Der Wechselchoke dient zum einfachen Wechsel der Charakteristik eines Schrotlaufes.

202

Ja.

203

Ein Drilling, dessen Kugellauf über den Flintenläufen liegt.

204

Nein. Ein Masseverschluss ist nicht verriegelt.

205

Unverriegelt.

206

Laufhaken stellen den Verschluss bei Kipplaufwaffen her.

207

Der Umgang mit Waffen, die einen Alltagsgegenstand vortäuschen, ist verboten.

208

Nein.

209

Die in dem zerbrechenden Behälter enthaltene brennbare Flüssigkeit verteilt sich schnell und wird durch die Lunte am Behälter in Brand gesetzt.

210

Der Umgang mit einem Totschläger ist verboten.

211

Eine mehr als üblich verkürzbare oder schnell zerlegbare Langwaffe.

212

Ja; Ausnahmeregelungen in Anlage 2 A1 Nr. 1.4.1 beachten.

213

95 cm

214

45 cm

215

Verbotener Gegenstand; als Alltagsgegenstand getarnte Schusswaffe.

216

Nein, der Umgang mit einem Soft-Nunchaku ist verboten.

217

Bestimmung der Anlage 2 WaffG; Begründung ist die besonders schwere Verletzung bei Einsatz eines Faustmessers bei Straftaten.

218

Nein, es handelt sich um eine verbotene Waffe. (Ausnahme: Umgang mit Nachtsicht-Vorsatz- und -Aufsatz-Geräten durch Jäger und Händler)

219

Nein, dazu ist nur das Bundeskriminalamt berechtigt.

220

Vollgeschoss ohne Mantel, Bleigeschoss.

221

Der Geschosskern (Blei) ist außerhalb der Hülse vollständig von einem Mantel aus einem anderen Stoff überzogen.

222

Tombak ist eine Legierung (Messing) mit hohem Kupferanteil.

223

Die Öffnung der Hülse, in die das Geschoss eingesetzt wird.

224

Diese Zündungsart hat eine zentrale Öffnung zum Pulverraum der Patrone.

225

Nicht oxidierend (keine Rostförderung der Waffe).

226

Keine der Antworten ist richtig; Randfeuerpatronen tragen die Zündmasse im Rand des Patronenbodens.

227

51 mm.

228

Ein Bleigeschoss ohne Ummantelung, das aufgrund seiner Tonnenform besonders klar definierte Einschusslöcher in Zielscheiben erzeugt.

229

Das Maß, wie tief das Geschoss in die Patronenhülse eingesetzt wird.

230

1906 (darum: 06)

231

Nein; es sind Geschosse.

232

Boxer.

233

Um die Pulverladung schnell vollständig mit dem Zündstrahl zu durchdringen, werden Patronenhülsen eher breit und kurz als länglich und schlank konstruiert.

234

Voll-Mantel.

235

Ein in die Form eines Patronenlagers angepasstes, gepresstes Quantum an Ladung; Presslinge sind Munition im Sinne des WaffG.

236

Nein, es handelt sich um erlaubnispflichtige Munition.

237

Flintenlauf-Geschoss.

238

Die Hülse der Patrone im Kaliber .357 Magnum ist etwas länger; so kann die Trommel des Revolvers nicht mehr eingeschwenkt werden, da die Patrone nicht vollständig in die Kammer eingeführt werden kann.

239

Nicht toxischer (giftiger) Zündsatz.

240

Ca. 4.150 bar.

241

Flintenlauf-Geschoss.

242

Teilmantel.

243

Innenballistik.

244

Die Präzession beschreibt das Taumeln der Geschossspitze um die ideale Flugbahn.

245

Die Rasanz beschreibt die Streckung der Flugbahn.

246

Die Aufhalte- oder Mannstop-Wirkung einer Patrone bzw. eines Geschosses.

247

Ca. 1.200 Meter.

248

Ca. 2.000 Meter.

249

Teilmantel.

250

Nein, da sich durch die Bewegung des Geschosses im Lauf der Raum, in dem sich der Gasdruck verteilt, größer wird.

251

Nein, der konstruktiv bedingte Trommelspalt (zum Lauf) macht einen Gasdruckverlust unvermeidlich.

252

Die Mündungsgeschwindigkeit des Geschosses kann zwischen 270 und 600 m/s betragen, handelsübliche Patronen mit Standardgeschoss und mittlerer Ladung erreichen aber Werte zwischen 350 und 380 m/s.

253

Durchmesser der Einzelschrote in mm, multipliziert mit 100 Metern.

254

Nein, es beschreibt auf seiner Flugbahn eine ungleichförmige Kurve.

255

Mittlere Büchsenkaliber für Zentralfeuerpatronen liegen zwischen 700 und 1.000 m/s Mündungsgeschwindigkeit.

256

Eine Änderung des Geschossgewichts verändert in gleichem Maße die Geschossenergie, beide Werte verhalten sich proportional.

257

Schädigung des Gehörs bis zur Taubheit (Knalltrauma).

258

Die Aufsichtsperson muss die erforderliche Sachkunde besitzen.

259

Die Schießbrille soll die Augen gegen Geschoss- oder Zielsplitter abschirmen. Sie muss darum ausreichend groß sein und auch seitlich einen guten Schutz bieten.

260

Die im Schießbetrieb entstehenden Gase müssen abgeleitet werden.

261

Die Waffe ist durch den Erwerber auf Sicherheit zu überprüfen.

262

Die Waffe ist immer durch den Erwerber auf Sicherheit zu überprüfen.

263

Bei Kommando „Sicherheit" darf niemand eine schussbereite Waffe in der Hand halten. Waffen sind entladen abzulegen oder zu holstern.

264

Der Gebrauch einer Waffe unter Alkoholeinfluss ist ein Verstoß gegen das Gebot, jederzeit sicher mit der Waffe umgehen zu können. Es ist darum das Schießen einzustellen und der Schütze auf den Umstand anzusprechen. Er darf nicht weiter am Schießbetrieb teilnehmen.

265

Es darf sich keine Munition in der Waffe befinden; das Rohr (Lauf) zeigt in Richtung des sicheren Kugelfangs; der Verschluss ist offen.

266

Magazin entnehmen; Verschluss öffnen, um eine im Patronenlager befindliche Patrone zu entfernen; Lauf auf freien Durchgang zu prüfen.

267

Nur unmittelbar vor dem Schuss, wenn die Visierung im Ziel ist.

268

Das ist zulässig, wenn er die erforderliche Sachkunde besitzt. Es dürfen sich auf dem Schießstand im Bereich der Schützenlinie aber keine anderen Schützen aufhalten. Ansonsten müsste eine Aufsicht bestimmt werden, die nicht am Schießen teilnehmen darf.

269

Das ist nicht zu empfehlen. Kommt die Waffe in diesem Falle abhanden, kann Ihre Zuverlässigkeit entfallen. Sie müssen die Waffe an einen Berechtigten zur vorübergehenden Verwahrung geben oder auf andere Weise verhindern, dass die Waffe entwendet wird.

270

Sie sollten sich sofort einem HNO-Arzt oder in einer Notaufnahme (Klinik) vorstellen. Bei Benommenheit/Schwindel: Notruf verständigen.